ESSAI
SUR
LE GYMNASE
DE
MONTBÉLIARD

PAR

Ch. GODARD

Professeur d'histoire.

Requies ea certa laborum.

Extrait des Mémoires de la Société d'Émulation de Montbéliard.

(ÉTUDE COURONNÉE EN 1889)

MONTBÉLIARD
IMPRIMERIE ET LITHOGRAPHIE VICTOR BARBIER

—

1893

ESSAI
SUR
LE GYMNASE
DE
MONTBÉLIARD

PAR

Ch. GODARD

Professeur d'histoire.

Requies ea certa laborum.

Extrait des Mémoires de la Société d'Emulation de Montbéliard.

MONTBÉLIARD

IMPRIMERIE ET LITHOGRAPHIE VICTOR BARBIER

1893

ESSAI SUR LE GYMNASE
DE
MONTBÉLIARD

Sources mss.: Archives du Doubs, série E; Coll. Duvernoy (mss. de la bibl. de Besançon); Archives de la ville de Montbéliard; Registre du Conseil municipal; Registre du bureau d'administration (1811-1838); Livre Rouge; Notaux du Conseil des bourgeois; Collection de documents inédits conservés à la Mairie, et donnés par la Société d'Emulation; Collections Tuefferd et Wetzel, mss. 132 (Institut) et 103 (Collège); Chronique mss. de la famille Werner (à la Bibl. de Montbéliard); Registre d'inscription du collège; Herbier de Wetzel (1837) à la Bibliothèque de la Soc. d'émul.; Hist. (mss.) du comté de Montbéliard, communiquée par M. le pasteur Beurlin; Album inscriptionis (Tubingue, 1774) et Notamina ad album, extrait des archives du Collège des Montbeillards et Alsatiens (mss. Chauffour, fonds Billing, à Colmar); Archives nationales, fonds Montbéliard, K. 2172-2194, 1850.

Documents et ouvrages imprimés: Ephémérides de Duvernoy; Ordonnance ecclésiastique (1568, Bâle) et Supplément (1724); Histoire de Mandeure, par l'abbé Bouchey, et Mémoire sur Belchamp (id.);

Mémoires de la Société d'émul. de Montbéliard (mai 1857); Curiosités de l'hist. de Montbéliard, et Hist. des comtes souverains de Montbéliard, par M. Tuefferd; Hommes célèbres du pays de Montbéliard, par M. Goguel; Hist. du gymnase protestant de Strasbourg, par M. Strobel (Heitz, 1838); Revue d'Alsace, 1878 (l'École latine de Riquewihr).

PRÉFACE

Ce travail est plutôt une compilation de documents assemblés qu'un ouvrage médité longtemps et dix fois remis sur le métier. Un spirituel critique a dit que ce siècle a commencé par d'éminents historiens, et qu'il finirait par de consciencieux notaires : ne plaisantons pas trop ceux-ci, que Duvert et Lauzanne ont soigneusement distingués des imbéciles ; qu'on me traite de notaire, je n'aurai pas à m'en fâcher. Plaisanterie à part, les documents que je publie ou que je résume intéresseront peut-être les Montbéliardais instruits, comme toutes les personnes compétentes en matière d'éducation, et qui peuvent lire avec fruit une étude d'histoire pédagogique; celle-ci n'est d'ailleurs qu'une page de l'histoire locale. Or, il n'y a guère en France de ville plus intéressante que Montbéliard par son passé. Placée à la frontière de la Franche-Comté, gouvernée d'abord par ses propres comtes, elle a été rattachée, par un mariage, aux possessions des ducs de Wurtemberg, qui l'ont gardée de 1443 à 1793 ; pendant un si long espace de temps, les Montbéliardais ont pris quelque chose du caractère, des mœurs et des lois de leurs voisins. En même temps, le programme d'études pour les Ecoles s'est inspiré des systèmes allemands aussi bien que des systèmes français. La Réforme, introduite à Montbéliard au XVI° siècle, achevait à cette époque de donner au pays son caractère particulier: remettant aux princes et aux pasteurs la direction de l'enseignement, ainsi que sa surveillance, elle a enlevé tout pouvoir sur les écoles aux bourgeois de la ville, à la différence de ce qui se voyait dans bien des cités françaises. Si l'histoire des écoles latines de Montbéliard semble manquer d'intérêt, il ne faudra donc en accuser que l'auteur de cette étude.

Le lecteur reconnaîtra que l'instruction, obligatoire à diverses époques, répandue peut-être d'une manière plus égale qu'après l'annexion de 1793, soumise d'ailleurs à des inspections consciencieuses et méthodiques, donnée en outre par des maîtres qui se tenaient toujours au courant des progrès accomplis, était fournie à Montbéliard d'une manière très large et digne d'un pays qui a toujours aimé les choses de l'intelligence. En un mot, cette étude inspirera de l'estime pour la petite cité, comme pour les laborieux ministres qui, pendant deux siècles et demi, ont occupé les chaires de l'Ecole latine.

INTRODUCTION

Origine des Ecoles de Montbéliard : leur organisation au XIII° siècle. Procès entre la ville et le chapitre de Saint-Maimbœuf (1480). L'école de l'abbaye de Belchamp. La Réforme : direction des écoles attribuée au prince et au Conseil de régence. La pédagogie du temps et le plan d'étude, d'après l'ordonnance ecclésiastique du Wurtemberg (1557). Situation matérielle des maîtres dans la seconde moitié du XVI° siècle; l'école allemande. La discipline; l'instruction religieuse; les exercices dramatiques; les stipends ou bourses; stipendiaires et expectants, de 1548 à la fin du XVII° siècle. Le plan d'études de 1603 et les vicissitudes des Ecoles depuis 1618 jusqu'à 1724.

INTRODUCTION

Il est toujours fort difficile de remonter à l'origine des établissements d'instruction publique : d'ordinaire, les documents antérieurs au XVI° siècle sont excessivement rares, surtout pour les villes qui n'étaient au moyen-âge que de petites bourgades fortifiées : Montbéliard par exemple. Dès que cette localité eut quelque importance, des écoles y furent fondées : en 1260, un maître des écoles est cité dans un texte : il se nommait maître Ferry (1). Ces pédagogues étaient soit des laïques, soit des prêtres, qui étaient examinés par le chapitre de Saint - Maimbœuf, principale église de Montbéliard, et nommés pour un an; ils pouvaient d'ailleurs être continués dans leurs fonctions pour un temps indéterminé. L'école se tenait dans un bâtiment qui appartenait au chapitre. En 1300, la veille de l'Epiphanie, le doyen et le chapitre de l'église décidèrent que le gouvernement des écoles ne serait pas confié à un maître pour plus d'une année (2).

---

(1) Il fonda son anniversaire dans l'église de Saint-Maimbœuf (mss. Duvernoy).

(2) Nos decanus et capitulum Ecclesiæ Montisbeligardi, notum facimus quod die capituli nostri mensis Januarii vocatis omnibus qui fuerunt evocandi considerata utilitate ecclesiæ nostræ prædictæ statuimus,

Quod regimen scholarum nostrarum Montisb. alicui non committatur nisi per unum annum solum,

Item quod ille magister dictarum scholarum Montisb. continue

Peut-être certains maîtres avaient-ils prétendu jouir d'une trop grande indépendance d'allures, et être exemptés de toute attache personnelle avec le clergé : le chapitre exige, en effet, que le maître réside continuellement dans la ville, et que, selon la coutume, il remplisse des fonctions à l'église. Je suppose qu'il était chantre ou même sacristain, comme cela s'est vu pendant des siècles et récemment encore dans les villages. Il lui est en outre défendu, probablement à la suite de certaines plaintes, de rien recevoir des deniers que l'on donnait aux écoliers qui l'assistaient aux enterrements, et de leur en rien réclamer. Il devait, avant de recevoir l'investiture de ses fonctions, jurer fidélité au doyen et au chapitre, promettre obéissance entière au règlement qui lui est imposé.

Ce document fait voir que selon la coutume, c'est-à-dire depuis un certain nombre d'années déjà, le maître était attaché à l'église de Saint-Maimbœuf et obligé d'y remplir certaines fonctions. Si d'autre part on le rapproche de cette date de 1260 citée plus haut, on en peut conclure qu'il y avait une école à Montbéliard avant 1283, date des franchises que le

in Montebelig. residat et ecclesiæ nostræ prout moris est desserviat. Item statuimus quod dictus magister de denariis qui scholaribus suis in ecclesia pro obsequiis mortuorum conferuntur, nihil recipiat, vel ab ipsis aperte aliquid extorqueat.

Item dictus magister jurabit quod decano et capitulo et ecclesiæ erit fidelis, et hæc omnia supradicta dictus magister antequam dictarum scholarum investituram a decano et capitulo recipiat, jurabit firmiter tenere et inviolabiter observare. Datum anno Domini 1300 in vigilia Epiphaniæ Domini. (Coll. Duvernoy.)

(On sait que bien des écoliers pauvres payaient leurs maîtres avec l'argent gagné en psalmodiant au chœur, ou en chantant sous les fenêtres des riches, comme le fit Luther.)

comte Renaud donna aux habitants de cette ville.
Ce fait est contraire à l'opinion de M. Tuefferd : car,
dans les *Mémoires de la Société d'émulation de
Montbéliard* (1857), il suppose qu'avant 1283 il y
avait seulement un clerc, qui, dans l'église du chapitre, enseignait au peuple quelques prières latines.

Quant aux matières de l'enseignement, je ne puis,
faute de textes, les déterminer d'une manière précise : probablement le maître enseignait la lecture,
l'écriture et le plain-chant, avec les éléments du latin. Rien ne me prouve que les études aient été
poussées plus loin au XIII° siècle et au XIV°. « Au
XV° siècle, dit l'abbé Bouchey dans son histoire de
Mandeure, les écoles du chapitre de Saint-Maimbœuf et de l'abbaye de Belchamp font refleurir les
études. » Des guerres fréquentes avaient été, en
effet, peu favorables à l'organisation de l'enseignement. Un chanoine de Montbéliard, Jean Bůckard,
bachelier, est inscrit en 1478 sur le matricule de la
nouvelle université de Tubingue, créée par le duc
Eberhard, et paie six schillings pour son inscription : (1) de ce fait isolé je ne puis pas conclure que
les études latines aient été toujours très fortes à
Montbéliard au XV° siècle.

Cependant il devait y avoir eu non plus un seul
maître, mais deux ou trois attachés simultanément
aux écoles : car en 1385 un texte cite les clercs des
écoles de Montbéliard (clerici scholarum, mss. Duvernoy). Il est, toutefois, impossible de donner une
liste complète des maîtres avant 1550. En 1470 et en
1473, Pierre Compaignon était *maître et recteur des
écoles*. Vers cette époque, les maîtres bourgeois
de Montbéliard prétendirent nommer les péda-

(1) Coll. Duvernoy.

gogues (1). De leur côté, les chanoines protestèrent énergiquement, disant que de tout temps ils avaient nommé les recteurs des écoles, que rien n'autorisait les bourgeois à s'en occuper ou à en appeler de la nomination déjà faite; les bourgeois prétendaient

(1) Henry comte de Wirtemberg et de Montbeliart, faisons scavoir à tous que nos informez et advertiz des discors et différans mehus espere plus admouvoir entre nos bien amees les venerable doyen et chappitre de nostre esglise collegiaule de sainct Maimbœuf et nos bourgeois habitans de notre ville dudict Montbeliart, au fait de mectre, recepuoir et assoer ung maistre et recteur d'escoles en nostre dicte ville de Montbeliard, lesquelz lesdicts de chappitre pretendoent disoent affirmoent povoir et devoir mectre sans moyen, regart ne appeler desdits bourgois ou commune, lesdits bourgois du contraire disans qu'ils sont tousiours estee appeller et presens soustenant et suppourtant les enffans et manieres de gens concurrans esdites escolles, et que au moings ils devent estre appeller à mectre conferer et doner lesdites escoles, et que nonobstant que lesdits de chappitre et de la ville feussent pourveus pour ce faire d'ung home ydone et souffisant aggréé desdits de la ville, neanmoings les dicts de chappitre en avoient fait venir ung aultre iceluy pourveu receu a regime et gouvernement desdites escolles, ledit jour voille nativeté sainct Jehan sans leur consentemens. Pour lesqueulx fais nous icelles dites parties avons fais appeller et venir par devant nous et les gens de nostre conseil et iceulx discors et differans fais remonstrer en nos presences bien et alongz par la voix et urgain de nostre amé escuier et conseiller Jehan de Francquemont; après lesquelles remonstrances faictes ausdits de chappitre aux personnes desdits maistre Girard de Broingnart, Pierre Golin, maistre Pierre Berchenet, messire Regnaud Berdot, Pierre Loys, Estienne Peluot, Pierre Patot, tous prebstres chanones, et de Jehan Belune, Thomas Plici orfevre maistre bourgois, Huguenin Philippe alias Salinus, Cuenin de Broingnart, Jehan Pouthier, Vuillemot Salvageot, alias Jacot, Merri de Corneillier, Jacot Perrenin dit Berdot, et Pierre Barnardt fils Jean Barnardt pellissenier, tous du nombre des neufz bourgois conseillers de ladite ville accompagnez de Perrin Semon clerc, Henry le Barbier et de Othenin fils dudict Vuillot Jacot pour ès noms des aultres du commun de nostre ville pour bien de paix union et concorde conserver et norrir entre iceulx par advis, conseil et deliberacion, sur ce ouee avec

que, du moment qu'ils concouraient au maintien des écoles, ils devaient au moins en nommer le maitre d'accord avec les chanoines. Les neuf maitres bourgeois avaient même choisi un instituteur : de leur côté les chanoines en avaient nommé un

les gens de nostredit conseil, avons apportier, appourter, diz et desclarer et par ces presentes lettres appourtons rappourtons disons et declarons premierement que le magister descolles questoit paravant en lan et temps precedant des appointier par lesdits de chappitre ledit jour voille nativeté sainct Jehan dernierement passé se desistera et departira du regime gouvernement dicellesdites escolles pour ceste année presentement venant en sera et demoura pourveu recteur et gouverneur pour ceste dicte presente année. A advenir le magister nouvellement venuz et adce receu ledict jour voille nativeté sainct Jehan derrier passé par lesdits de chappitre pourveu qu'il ne faice faulte ou chose par quoy on le puisse et doige priver oster, et dores en avant ou temps advenir toutes et quantesfois que le cas le requera et adviendra de mectre de nouvel ou de continuer ung magister recteur en icelles dites escolles lesdits de chappitre auront la cougnoissance dexaminer et approuver le magister a recepvoir en acoustumee des souffisance science prudence discretion et den faire semblables relacions aux bourgois, consellliers de nostre dicte ville des plus apparans a recepvoir asseor ledit magister veor et oyr faire les serremens en telz cas appartenant accoustumee, et en cas de deffault ou de differans advenirs quand adce par lune ou laultre dicellesdictes parties en icelluy cas nos et nous successeurs contes contesses dudict Montbeliart ou en nos absences nostre bailli ou nos principaulx officiers oudit lieu aurons puissance et faculté toutelle universelle dy proveor et povoir proveor et mectre home pour recteur et gouverneur ydone et souffisant adce toutes et quantesfois que le cas adviendra, sans ce que lesditz de chappitre et ville ou leurs successeurs ils puissent ne doigent en maniere quelcumque obviez ne contrariez. Lesquelz appointement et rappor, lesditz de chappitre et ville pour eulx et leurs successeurs ont aggréer ratiffier et appreuver, aggreant ratiffiant et approuvant par ces presentes lettres et sur ce faictes et passees en la grant sale de nostre chatel derriere audit Montbeliart, le lundi avant la Magdalene vingt-septieme jour du mois de julet lan mille quatre cens et octante : es presences dudit Jean de Francquemont, Horry de Bavans, escuiers, autre. Le comte Henri évoqua la contestation devant son tribunal, et la sentence qu'il prononça fut favorable au chapitre. Le maître nommé reçut l'ordre de démissionner. A l'avenir, le recteur des écoles fut nommé comme auparavant, la veille de la Saint-Jean (23 juin), par les chanoines du chapitre; ceux-ci devaient constater sa valeur ainsi que sa moralité; puis ils adressaient leur rapport au conseil des Neuf bourgeois, qui recevaient alors le maître, et lui faisaient prêter en leur présence les serments accoutumés. Dans le cas d'indignité, le maître devait être sur le champ privé de ses fonctions par le chapitre. S'il y avait désaccord au sujet de la nomination entre les bourgeois et les chanoines, le comte ou en son absence son bailli devait nommer le recteur des écoles. C'est ainsi que le souverain se réservait la haute main sur la direction de l'enseignement à Montbéliard : plus tard son autorité sera plus grande encore.

Cette sentence du comte Henri (prononcée le 27 juillet 1480) régla l'administration des écoles jusqu'à l'époque de la Réforme.

Nous voyons qu'en 1486 Girard Carteti était recteur: il recevait douze quartes de froment des revenus du chapitre (1), et sans doute une modique rétribution

mre. Petremand Clamin, Romane nostro chancelier et aultres adce appelez et requis. Signey par ordonnance dudict messire le conte et a sa requeste par nos les notaires publicqs et juriez de la court de Besançon subscripts demourant audict Montbeliard lan et jour que dessus. P. CLAMIN. SINGLIN.
(*Archives du Doubs, E. 87 et collection Duvernoy.*)

(1) La *quarte* valait 40 livres (27 litres 2), et 2 *boisseaux* ou *coupots* de chacun 8 *coupes* ou *casses*. Un *bichot* valait 24 *quartes*. Constatons ici que le maître n'était point payé par les habitants, mais par le chapitre de Saint-Maimbœuf.

que payaient les élèves. Parmi ceux-ci il y avait quelques enfants venus de la campagne et mis en pension chez le recteur. En 1503, un prêtre, maître Simon Laurent, qui dirigeait les écoles, demandait pour sa pension d'un an, au fils de Richard Grangier de Mathay, huit francs, un demi bichot de froment, une *tenne* de vin ; et le jeune Regnaud Grangier devait être nourri « selon son estat, sans vin. » Un père qui n'exigeait point pour son fils cette sobriété toute spartiate, Jehan Vautherlet, donnait au maître huit francs et un bichot de froment avec une tenne de vin pour que son fils en eût un verre à chaque repas (1).

L'abbaye de Belchamp, fondée au XII° siècle par Thierry II de Montbéliard en même temps que l'église collégiale de Saint-Maimbœuf, possédait dans la rue Derrière une maison qui servait d'hospice à l'occasion, de retraite pour les religieux en cas de guerre et d'école publique en tout temps. Il me semble probable que cette école et celle qui dépendait des douze chanoines de Saint-Maimbœuf existèrent concurremment pendant des siècles, peut-être pendant trois cents années ; mais je ne puis dire ce qu'on y enseignait (2). Dans la première moitié du XVI° siècle, l'abbaye de Belchamp possédait encore à Montbéliard cette maison de la rue Derrière, voisine des remparts. Sans doute un certain nombre de novices sont sortis de cette école pour le couvent des prémontrés de Belchamp. D'après un statut de 1260, tout prémontré devait savoir bien

(1) Coll. Duvernoy. Le *demi bichot* vaut 324 litres, ou 960 livres ; la *quarte* 40 livres, la *tenne* ou *tine* 55 litres 20.

(2) a. Bouchey : *Mémoire historique sur l'abbaye de Belchamp :* Belfort, 1865.

lire, connaître suffisamment la grammaire et la langue latine : de petites écoles étaient donc utiles au recrutement de leurs abbayes (1).

Les choses restèrent en cet état jusqu'à l'époque de la Réforme. Dès 1524, Farel prêche à Montbéliard et harangue le peuple du haut de la pierre du poisson (d'après une tradition populaire) ; en 1538 les doctrines des réformateurs triomphent dans la ville, où maître André était alors recteur d'école. (2). L'intérim d'Augsbourg (1548) fut bientôt suivi du succès de la Réforme à Montbéliard (1553). Les écoles, par suite de changements fréquents dans le personnel des maîtres et du trouble qui régnait dans les esprits, avaient un mauvais renom au temps de Mathieu Walletet ou Wattel, de Guise, le principal recteur, qu'un rapport officiel des commissaires du prince qualifie cependant de personnage docte et pieux (vir doctus et pius qui doctissimè de omnibus quæstionibus respondit) : ce maître était en fonctions de 1553 à 1559.

Depuis 1547, les écoles françaises et latines se tenaient en un même bâtiment, celui que les moines de Belchamp avaient occupé dans la rue Derrière, et qui venait d'être confisqué par le con-

(1) In capitulo generali anni 1260 sub beato Joanne II abbate præmonstratense sancitum fuit ut nullus ad habitum nostræ religionis recipiatur seu ad professionem admittatur nisit sciat distinctè legere et clarò benèque intelligat et declaret ea quæ legit, hoc est, in grammaticalibus sit sufficienter instructus et latinam calleat linguam, præcepitque in virtute salutaris obedientiæ et sub pœna excommunicationis latæ sententiæ, omnibus et singulis abbatibus et prælatis, ut neminem penitus admittant nisi sit sufficienter instructus. (Règle des Prémontrés, bibl. de Besançon. Communiqué par M. l'abbé Tournier, curé d'Athesans.)

(2) Archives du Doubs, E. 84, et Coll. Duvernoy.

seil de régence. Le duc Christophe promit aux habitants de payer les réparations faites et à faire par la ville dans cette maison, si la seigneurie cessait de la consacrer aux écoles, qu'elle avait renfermées depuis bien longtemps : les réparations de 1547 furent supportées également par le domaine, par la ville, et par la recette du chapitre (1). La bourgeoisie, en 1554, contribua pour cent écus, moyennant un impôt provisoire d'un demi-blanc sur chaque pot de vin, à la reconstruction complète de ce vieux bâtiment des écoles : on employa pour les travaux des pierres provenant de l'église de Belle-Croix à Sainte-Suzanne (2). La ville paya ensuite pour l'enlèvement des décombres laissés sur la place, en 1563, en 1584; puis pour des réparations en 1609, en 1670. Ainsi, depuis cette époque, la ville a fait régulièrement d'assez grandes dépenses pour ses écoles, ce qui certainement lui conférait quelques droits de surveillance.

Les biens du couvent de Belchamp, ceux du chapitre de Saint-Maimbœuf, avaient été confisqués par le prince. Heureusement celui-ci n'était point semblable aux despotes à qui Luther reprochait avec véhémence de prendre pour eux tous les anciens biens du clergé, et de laisser mourir de faim les maîtres d'école comme les pasteurs. Une partie de ces biens forma le patrimoine de la Recette ecclésiastique du comté; les revenus des églises de la ville et de la campagne s'y ajoutèrent. Depuis la seconde moitié du XVI° siècle jusqu'à 1794, c'est sur

(1) Archives de Montbéliard. Ce bâtiment est l'écurie Morhardt, rue de Belfort.

(2) Archives du Doubs, E. 93. L'école portait cette inscription : *Numine præsenti Graio schola nomine dicor.* MDLIV.

les revenus de la recette que furent payés les pasteurs aussi bien que les maîtres des écoles; ces revenus fournissaient encore les sommes nécessaires à l'entretien des bâtiments scolaires.

La Réforme, en obligeant tout le monde à lire la Bible, éleva quelque peu le niveau des études; mais il ne fut changé que peu de chose au système d'administration suivi depuis des siècles : le clergé protestant garda la surveillance et même la direction de l'enseignement dans les écoles françaises et dans l'école latine : les professeurs furent des pasteurs du pays. L'école latine garda toujours ce caractère confessionnel jusqu'en 1794. Il n'y eut jamais de dotation spéciale pour les écoles; leurs bâtiments n'appartenaient point à la ville, mais au domaine ecclésiastique; sans parler des dîmes et des biens-fonds, la recette possédait plus de cent mille francs placés à intérêt (peu avant la Révolution), et la recette ecclésiastique du duché de Wurtemberg lui fournissait de temps à autre un supplément de quelques milliers de francs. (1).

Le protestantisme ayant de nouveau triomphé complètement à Montbéliard en 1552, le duc Christophe publia bientôt après son règlement scolaire (ou *Schulordnung)* de 1559, qui ordonna de créer des écoles primaires dans les petites localités, et d'y adjoindre dans les villes une école latine. Comme les princes de Wurtemberg possédaient en Alsace les seigneuries de Riquewihr et Horbourg, l'enseignement fut réglé de telle sorte que l'on pouvait passer régulièrement de Riquewihr à Montbéliard et réciproquement sans avoir à suivre des méthodes nouvelles. Le règlement était inspiré des

(1) Archives de Montbéliard.

théories de Mélanchthon, auteur de l'*Evangelische Kirche und Schulordnung* (1528), et de celles de Jean Sturm. (1)

L'autorité des magistrats de Montbéliard sur les écoles était presque nulle : cependant il se faisait une visite mensuelle, confiée aux soins de quatre inspecteurs, un membre du conseil de régence, un du magistrat, le surintendant des églises et le ministre allemand. Les conseillers engageaient les parents, qui en général surveillaient peu les études de leurs enfants, à les envoyer régulièrement aux écoles (2). Il est vrai qu'après 1568 il n'y a plus de membres du magistrat dans le corps des visiteurs, malgré les dépenses faites par la ville pour l'entretien des bâtiments.

Il y avait d'abord trois classes latines et une française. Les trois régents étaient désignés par les termes de premier, second et subalterne maître d'école ; en 1609 seulement le titre de *recteur* est employé pour désigner le principal ; en 1667 le terme de *corecteur* désigne le second maître.

Ces précepteurs n'avaient pas à diriger un internat ; quelques pensionnaires étaient nourris et logés par le recteur du collège, mais dans l'intérieur de sa famille ; certains bourgeois logeaient ainsi des élèves de la campagne ou même de l'étranger : il est à remarquer qu'un système de ce genre, dit familial ou tutorial, est encore fort apprécié de nos jours chez les Anglais. Les habitants de Montbéliard ont eu longtemps de la répugnance à soumettre leurs fils au sévère régime de l'internat : vers 1840, il y avait trois ou quatre internes seulement au collège.

(1) Revue d'Alsace, 1878 : L'Ecole latine de Riquewihr.
(2) Coll. Duvernoy.

Le droit d'écolage était fixé à la modique somme d'un batze par quart d'an ou trimestre (1).

La méthode d'enseignement suivie à Montbéliard était inspirée par les théories de Jean Sturm, l'illustre pédagogue à qui Strasbourg devait déjà la création de son gymnase ou *académie*, organisée par lui en 1538. Cet humaniste avait des idées fort élevées sur l'instruction et son but : l'enfant devait apprendre ce qu'il avait besoin de savoir pour la vie; la piété devait être le premier but à atteindre, et tous les exercices y convergeaient régulièrement. Mais l'ignorance étant une source d'erreurs, les hommes avaient, selon Sturm, besoin d'être éclairés et instruits avec soin : donc l'instruction était nécessaire à tout citoyen, quel que fût son rang dans la société. Il fallait amener l'élève à parler des choses avec clarté, justesse et élégance : car l'enseignement d'une école latine s'adressait à des jeunes gens destinés à être pasteurs, avocats, médecins ou administrateurs. Les élèves devaient d'abord apprendre dans les classes inférieures les mots ou le matériel du langage; puis les règles de leur accord, la construction des phrases; enfin les principes de l'enchaînement des idées, de la pureté et de l'élégance du style, de la justesse de l'expression. « La méthode de Sturm, dit M. Strobel (2), procédait d'abord par analyse, puis par synthèse : elle était toute rationnelle et basée sur la nature des facultés humaines. L'enfant devait étudier à la fois les mots et les choses, n'apprendre par cœur que ce qui avait été suffisamment expliqué; il fallait faire un choix des objets d'enseignement qui conduiraient à la

---

(1) Tuefferd. Le batze valait deux sols tournois. (Voir au chapitre IV, à la suite de l'analyse d'un plan d'études.)

(2) *Histoire du gymnase de Strasbourg*, 1838.

pratique de la vertu; chaque notion était toujours rattachée aux idées acquises précédemment. Enfin, différents exercices devaient habituer l'élève à faire preuve du savoir acquis par lui, et l'exercer à parler d'une manière logique : par des récitations, des discours, des compositions, des dialogues, des démonstrations de quelques propositions, des thèses soutenues entre écoliers devant le maître, des morceaux de chant et des pièces dramatiques, auxquelles le public assistait. Dans les leçons ordinaires, on cherchait pourquoi un auteur avait écrit de telle ou telle façon : puis on lui empruntait quelques propositions; le maître choisissait un répondant et un opposant pour soutenir le pour et le contre : c'est ce qui s'appelait entrer en dispute (1).

Sturm réforma la pédagogie en remplaçant par le texte des auteurs les manuels d'autrefois, comme le *Doctrinale Alexandri de Villa Dei*, le *Groecista*, le *Catholicon* ou Lexique de Jean de Balbi, le *Gemma gemmarum*, etc. Humaniste distingué, il fit de l'enseignement littéraire un auxiliaire de l'éducation morale, un moyen de développement pour l'intelligence. Il devait beaucoup à Mélanchthon, ainsi qu'à ses maîtres les Frères de la doctrine commune (établis aux Pays-Bas).

(1) Emploi du temps au collège de Montaigu : de 4 heures du matin à 6, leçon; à 6, messe; de 8 à 10, leçon; de 10 à 11, discussion et argumentation; à 11, dîner; puis examen sur les questions discutées et les leçons entendues, ou le samedi, disputo; de 3 à 5, leçon; à 5, vêpres ou dispute; à 6, souper; puis jusqu'à 7 heures et demie examen sur les questions discutées et leçons entendues dans la journée; à 7 heures et demie, complies; à 8, en hiver, à 9 en été, coucher.

Les séminaires catholiques ont, parait-il, conservé quelque chose du système scolastique : la discussion par syllogismes en latin. (Voir le Répertoire des ouvrages pédagogiques du XVIe siècle, publié par les soins de M. Buisson.)

L'Ordonnance ecclésiastique du duc Christophe
est imbue de ces théories. Composée en 1559, elle
fut traduite en français par un théologien de Montbéliard, Léger Grimault (Leodegarius Grymaldus)
qui traduisit aussi le catéchisme de Brendt : en
1568, sa traduction fut imprimée à Bâle. Cette ordonnance nous donne de longs détails sur la méthode
d'enseignement (1). Dans les petites écoles, le maître
enseigne à épeler en suivant l'ordre des lettres et
en répétant les premières; pour que l'enfant con-
naisse leur forme comme leur nom, il les fait dire à
rebours. L'enfant assemble les lettres, avec l'Orai-
son dominicale; le maître doit quelque temps l'aider
à assembler les syllabes et se contenter d'abord
de lui faire nommer les lettres : les voyelles et con-
sonnes latines devaient être bien prononcées, et
non à la française *(dominusse* au lieu de *dominouss,
dominom* au lieu de *dominoum)* : les leçons de lecture latine se donnaient donc aux tout petits enfants. Les écoliers passaient dans la seconde dizaine
ou section de la première classe (chaque dizaine
avait un *dizainier (moniteur* ou *coryphée)* qui dé-
nonçait les paresseux et les indociles, lisait le premier la leçon à haute voix, puis la faisait réciter.
Dans la seconde dizaine, les élèves apprenaient à
lire par syllabes au moyen du *Donnest*, puis avec
les *Questions de grammaire ;* (2) tous les jours, peu

(1) André Floret, né en 1540, était un des maîtres vers 1568;
François Berault enseignait à Montbéliard la littérature grecque;
il devint en 1572 principal à La Rochelle (Xambeu, *Hist. du coll.
de Saintes)*. M. Tuefferd ayant donné, d'après les notes de M. Beurlin, une liste des maîtres depuis 1572, je m'abstiendrai de repro-
duire ce travail : mais il suppose à tort qu'il n'y avait pas de 3ᵉ
maître. (Voir plus loin les détails sur leur situation.)

(2) Les *Questiones super Donatum minorem* ont été imprimées
à Paris en 1489. *Donnest* paraît une corruption de Donatus *(De
litteris et syllabis ; et Donatus minor octo partium orationis.)*

avant la sortie, un enfant récitait en français une leçon de catéchisme et les autres répétaient en chœur après lui, pour que la leçon fût apprise plus facilement (c'est le système juif et chinois). On lisait le *Catéchisme*, le *Psautier*, les sentences de Salomon, l'Ecclésiaste, le Nouveau Testament. La troisième dizaine lisait les distiques de *Dionysius Caton*: le maître écrivait un modèle sur son livret de papier blanc, l'enfant le copiait sur un autre. Tous les soirs, avant de sortir, chaque élève écrivait deux mots latins servant à la dénomination d'objets usuels, et le lendemain il les récitait par cœur avec ses leçons ordinaires: cette idée était de Sturm. Ainsi l'enfant récitait: la tête, *caput,* le sommet de la tête, *vertex ;* un autre: le devant, *sinciput,* le derrière, *occiput,* ou réciproquement (1). C'était apprendre le latin comme une langue vivante: donc, l'école française était une préparation à l'école latine, dans laquelle ou entrait sachant déjà bien lire et prononcer le latin, muni en outre d'une provision de mots usuels.

La deuxième classe (première de l'école latine) était aussi divisée en dizaines ou compagnies: les dizaines rendaient compte de ce qu'on avait écrit. Le maître *déclarait,* c'est-à-dire expliquait, les sentences du *Mimus publicanus, Dionysius Caton* (2), les

(1) Mathurin Cordier: *Colloques.*
(2) *De Moribus Catonis nomine inscripta cum gallica et germanica interpretatione* (Montb. Foillet): ce sont des distiques moraux très appréciés au moyen-âge: Exemples:
    Instrue præceptis animum; nec discere cesses.
    Nam sine doctrina, vita est quasi mortis imago.
(Vers cité par un pédant de Molière.)
    Interpone tuis interdum gaudia curis,
    Ut possis animo quemvis sufferre laborem.
Sebald Heyden, de Nuremberg (1494-1561) est auteur de *Dialogues,* et de: *Pædenomia scholastica pietatis, studii litterarii ac morum honestatis præcepta continens; Musicæ libri duo,* (1546-1537).

Dialogues de Sebald Heyden. Les élèves lisaient un vers de Caton, le traduisaient, en faisaient l'analyse grammaticale; ils s'exerçaient à décliner, à conjuguer les noms et verbes trouvés dans la phrase. Le maître devait proportionner avec soin son enseignement à la force des enfants, ne point les surcharger. On faisait beaucoup de traductions et de paraphrases orales en classe, selon la méthode de Sturm. De 8 à 9 était récitée la grammaire: les débutants (en latin *rudes*) devaient répéter souvent; en hiver on lisait de 7 à 8 la grammaire, qui était la partie la plus importante de l'enseignement dans cette classe. Le maître, pour enseigner ces fastidieux rudiments, ne devait épargner « aucune peine ou fascherie » (1). Les proverbes de Salomon étaient récités. Le maître montrait comment les règles s'appliquait au texte de la leçon; il demandait tantôt la nature de tel verbe, tantôt un cas quelconque d'un nom ou adjectif, ou le présent, le passé d'un verbe: les enfants s'habituaient à répondre promptement (2). Une demi-heure était consacrée à expliquer une sentence tirée du catéchisme en latin: le maître devait toujours traduire en classe quelques passages, puis faire traduire par ses élèves, sans préparation. J'ignore si les résultats de cette méthode étaient satisfaisants. A midi, après la *musique* (chant des psaumes et des hymnes), le maître cor-

---

(1) ...Memoriam serie præceptorum, quorum usus præceptores fideliter monstrant, sedulè exercere. (Règlement du gymnase de Strasbourg.)

(2) Pourquoi *Possum* n'a-t-il point de futur indéfini, et de participe terminé en *Rus ?*.... Parce qu'il n'a pas de supin.... Dire les terminaisons des temps... *i, ram, ssim, ro, ssem, sse...* Quels sont les temps primitifs de *repetere*? Quels en sont les participes? (*Colloques* de Mathurin Cordier).

rige une page d'écriture, donne un exemple nouveau ; puis on traduit les Proverbes de Salomon, avec observation des règles et analyse grammaticale. De 3 à 4 heures, se fait la traduction de Sebald Heyden. On demande aux enfants comment ils pourraient dire en latin telle phrase, tel mot pris dans la traduction faite : ils s'habitueront ainsi à changer les cas des noms et les temps des verbes (1). C'est le principe des thèmes d'imitation oraux. A dix heures et à deux heures, on récite ensemble le calendrier des syllabes ou de tous les mois, appelé *Cisio Janus*.

La troisième classe, à six heures du matin, écoute une explication des fables de Joachim Camerarius (2), puis répond à des interrogations et commence un cahier d'expressions qui serviront dans la suite. Le lendemain il y a répétition de cette leçon, avec exercices oraux de construction et de langage ; puis une nouvelle leçon est donnée. On apprend les mots dérivés et composés d'après le dictionnaire (tenere, sustinere, pertinere?) afin que les enfants voient plus facilement l'origine des mots (ce que nous appelons mots racines). A 8 et 9 heures, lecture des questions de grammaire à l'usage de la classe ; cette leçon est récitée par cœur le lendemain, puis une nouvelle est donnée. (L'ordonnance ne peut dire qu'à Montbéliard on avait introduit les *Exercitia etymologiæ et syntaxeos* ainsi que les

---

(1) ...mutatis casibus, personis, modis, membrum integrum suum facere. *(Règlement du gymnase de Strasbourg.)*

(2) Né en 1500, mort en 1574) ; professeur de grec à Leipzig, à Wittemberg, à Tubingue. Il a laissé plus de cent cinquante ouvrages ou traductions. La plus connue de ses traductions est celle des Fables d'Esope.

Colloques de Mathurin Cordier) (1). L'heure suivante est consacrée à la lecture des *Epîtres choisies de Cicéron*, par Sturmius, et tous les deux jours on les répète. A midi il y a exercice de chant, puis explication de Térence, pendant deux heures, avec choix de quelques bonnes expressions courantes (conservées dans un cahier, le *Diarium* que Sturm recommande). Le maître devra commenter l'auteur pour que certains passages ne soient point nuisibles. De 3 à 4, explication d'une règle de la syntaxe, le régent donnant des exemples avec ceux du livre; le lendemain cette règle sera récitée. Cette méthode a l'avantage de faire bien comprendre aux enfants les leçons qu'ils doivent étudier, ce qui vaut mieux que de leur donner une règle inconnue à réciter par cœur. Chaque mercredi, un thème d'imitation est dicté d'après les dernières leçons ; genres, nombres, personnes, modes et cas sont d'ailleurs changés. Ce devoir est remis le vendredi et corrigé à haute voix; le maître doit avoir soin de ne pas décourager et rebuter ceux qui ont fait de nombreuses fautes; il veille à ce qu'aucun devoir ne soit copié. Les arguments ou thèmes sont ensuite écrits sur un cahier de corrigés pour être présentés aux superintendants ou visiteurs des écoles, qui pourront ainsi apprécier les méthodes et les progrès accomplis.

Pendant la première heure, la quatrième classe explique les Epîtres de Cicéron, et apprend par

---

(1) *Revue d'Alsace*, 1878. Mathurin Cordier (1479-1564) fut directeur du collège de Genève, auteur d'une grammaire latine, du *Miroir de la jeunesse* (édité en France sous le titre de *Civilité puérile et honnête* et des *Colloquiorum scholasticorum libri quatuor* (Genève 1563). Vers 1540, Claude Baduel faisait triompher à Nîmes le système humaniste, comme Calvin et Cordier à Genève.

cœur les principales figures de rhétorique; la seconde heure, elle étudie à fond quelques questions de grammaire, puis elle répète la leçon des Epîtres, récite quelques phrases orales, et des expressions ou phrases dans lesquelles sont appliquées les règles apprises la seconde heure. Après le chant, on explique Térence, ou *De amicitia, de Senectute*, de Cicéron; de une à deux, il y a répétition de la syntaxe étudiée dans la troisième classe, puis après quelques mois, étude de la prosodie et de l'accentuation; de 3 à 4, on récite les éléments de la grammaire grecque. Tous les mercredis, à 9 heures, est dicté un thème. La quatrième comme la troisième classe doit écrire le mot à mot de l'explication que le maitre a donnée d'Esope, de Térence ou de Cicéron, et les lui présenter deux fois par jour, « afin que la main soit plus exercée a escrire legièrement, et quils saccoustument en passant d'observer avec plus grand soing la raison de l'orthographe et de la distinction, et qu'ils retiennent mieux les leçons ouyes. » Tout récemment, l'Université a supprimé les longs devoirs écrits en mot à mot à quatre colonnes, comme inutiles et même nuisibles à la bonne écriture : qui a raison, des pédagogues du XVI° siècle ou de ceux d'aujourd'hui ?

Quand les élèves possèdent bien la grammaire, et qu'ils savent parler et écrire en latin d'une façon suffisante, ils entrent dans la cinquième classe, pour apprendre les éléments de la dialectique et de la rhétorique. Le régent traduit des préceptes tirés des questions de dialectique de Ph. Mélanchthon (1).

(1) Ph. Mélanchthon (1497-1560) fut le plus célèbre disciple de Luther, et l'un des plus grands pédagogues de son temps. Il a publié une grammaire latine, des livres de rhétorique et de philosophie qui furent introduits dans presque tous les gymnases protes-

puis les élèves exposent clairement la question, de telle sorte qu'on évite l'ennui de la dictée. Seuls les principaux préceptes de rhétorique seront appris par cœur. Tous les jours le maître répétera la leçon précédente, et le livre devra être lu entièrement dans l'espace d'une année. De 8 à 9, on récite la grammaire de Mélanchthon et des règles de la prosodie qui s'y trouve. Le maître donne des exemples et essaie d'obtenir que les élèves écrivent des vers latins. De 9 à 10 on lit la rhétorique; le maître dicte un ou deux préceptes tirés de l'abrégé de Georgius Major (1) et les fait réciter le lendemain à la même heure. Il lit les discours tirés de Tite-Live et de Cicéron par le même Georgius Major, afin que l'exemple soit toujours conforme à la règle. Après le chant, un commentaire est fait de la syntaxe de Métanchton; le maître explique comment il faut employer telle ou telle manière de parler, dans les exercices journaliers; la leçon précédente est toujours répétée, comme le veulent Sturm et ses disciples. De 1 à 2 on explique l'Enéide ou les Offices de Cicéron, en alternant avec des répétitions d'exercices de grammaire; de 3 à 4, tous les deux jours, on étudie la grammaire grecque complète, ou les fables d'Esope, ou la *Lettre d'Isocrate à Démonique*, ou la *Cyropédie* de Xénophon. Les arguments en français doivent être plus longs qu'auparavant, divisés soigneusement en périodes et *clausules* (2),

---

tants. Jean Sturm, Neander, Georges Fabricius, adoptèrent ses méthodes. Il exhortait les parents à envoyer leurs enfants à l'école, « afin qu'on élevât ceux qui devaient un jour gouverner dans l'église et autre part. »

(1) Georges Major ou Meier (1502-1574), célèbre disciple de Luther, est surtout connu par ses *Sententiae veterum poetarum*, et ses *Questiones rhetoricæ. Aliquot orationes* (1545).

(2) Fin ou conclusion d'une période.

pour que les élèves apprennent peu à peu l'art de
la composition. On fera des lettres, des exordes, des
narrations, des lieux communs, des confirmations,
des conclusions, des descriptions (et non pas seulement
des discours). Les élèves prendront pour
guide principal Cicéron et tâcheront d'imiter ses
tournures, la clarté, la facilité de sa diction. Le
maître fera remarquer les fautes dans l'invention
des arguments et leur disposition ainsi que dans
l'expression; il devra habituer les élèves à faire un
développement logique. Ainsi les jeunes gens pourront
suivre avec fruit des cours supérieurs : ceux
dont les premières études sont insuffisantes « rejectent
de tout les estudes; ou ils sont delaissez
entre les paresseux et les ignorantz, avec leur dommage
et celuy d'autruy. » On croirait lire des remarques
faites par un de ces professeurs de faculté
qui déplorent le récent affaiblissement des études
classiques : tant il est vrai que l'histoire se répète,
même l'histoire pédagogique!

L'ordonnance ne trace qu'un plan idéal, qui n'a
pas été suivi avec autant d'exactitude qu'on peut le
supposer : elle dit qu'il y aura cinq classes en comptant
deux classes françaises « ce qui ne se fait pas
afin qu'en tous les lieux esgalement les cinq classes
y soyent, mais selon la condition d'un chacun lieu
une seulement, deux, trois, ou plusieurs ou moins
se pourront ordonner. » En 1580 seulement une
cinquième classe est créée dans les écoles de Montbéliard;
à cette date il y a trois maitres tant pour
les classes latines que pour les classes françaises.
Au XVI° siècle, l'enseignement primaire est donné
dans le même local officiel que l'enseignement classique,
et n'en est pas nettement distingué. Quant
au nombre total des élèves de toutes les classes, il

était de 276 en 1544, de 200 en 1581. Il y avait en 1573 à l'école latine, alors bien tenue et prospère, huit écoliers dans la quatrième classe, douze dans la deuxième, seize dans la troisième. Dans la première, on lisait le catéchisme, les psaumes, le Nouveau-Testament. Il n'y avait pas d'école le jeudi et le soir du samedi (1). Le Conseil de régence, en 1584, ordonnait d'envoyer les enfants aux écoles publiques et défendait de tenir des écoles privées « sous peine de chatoy exemplaire. » Ce fut la règle jusqu'à la Révolution, du moins quant aux écoles non autorisées.

C'était le Conseil de régence qui nommait les maîtres, réglait leur traitement, les avantages accessoires, et prenait les mesures nécessaires pour entretenir l'édifice de l'école; ce Conseil s'occupait aussi du plan d'études et veillait à son application (2).

Les maîtres étaient toujours logés dans l'école même; chacun d'eux avait en outre la jouissance d'un petit jardin y attenant, et recevait de chaque élève une certaine quantité de bois pour le chauffage des classes et des appartements. Mais les gages des maîtres variaient beaucoup. Léger Grimault, successeur de Humbert Renard en 1581, ne recevait que de maigres allocutions supplémentaires : un demi-bichot de froment et douze francs

---

(1) Coll. Duvernoy. M. Tuefferd suppose à tort qu'il y avait cinq classes à Montbéliard en 1568.

(2) Les détails qui suivent sur le personnel et l'état matériel des écoles sont tirés d'un registre (unique) des délibérations du Conseil de régence en matière ecclésiastique (1581-1606), qui est aux Archives nationales, fonds Montbéliard, K. 2177. Je prie M. Tuetey, qui m'a communiqué ces pièces, de vouloir bien agréer mes remerciements.

forts le 21 novembre 1581, douze francs forts et six quartes de froment le 30 janvier 1582 (1). Mais la charge de maître des écoles latines n'était guère qu'une position provisoire qu'on donnait à un théologien, ou même à un très jeune vicaire qui venait de terminer ses études à Tubingue, avant qu'il fût possible de le placer dans une cure de campagne. Léger Grimault, qui était en même temps diacre à l'é'ise de Saint-Martin, fut remplacé dans ce poste par Pierre Grimault, tandis que Jean Mouhot ou Mutius (et non Mohol comme le nomme M. le pasteur Tuefferd) était nommé maître d'école aux mêmes appointements, qui s'élevaient à *cent francs forts et quatre bichots de froment*. Tous deux, n'ayant point de charges de famille, furent logés dans l'appartement de Léger Grimault. En 1587, après la mort de Mouhot, le Conseil choisit Hugues Saulnier aux mêmes gages, avec un demi-bichot en plus ; ce Saulnier devint plus tard diacre et maître d'école à Héricourt, puis ministre à Colombier-Savoureux (1598) et à Montécheroux, d'où il fut renvoyé pour inconduite. Mathieu Vatel, son successeur, « homme de bien et craignant Dieu » fut bientôt nommé, sur sa demande, pasteur à Montécheroux. Le Conseil prend à sa place le réfugié anversois Godefroy Valère, à titre provisoire ; on lui donne quatre francs par semaine pendant deux mois de stage, pour lui et sa pauvre famille ; puis le conseil, rappelant qu'il a été volé par les Lorrains, et reconnaissant qu'il est docte, bon poète, capable de tenir l'école et homme de bonnes mœurs, le fait nommer à titre définitif, « à charge qu'il su-

---

(1) Le Conseil de régence donnait à Humbert Renard six francs forts pour le loyer de la maison qu'il habitait.

« bira et se conformera à nostre religion selon qu'il
« se *perouffre,* aussi qu'il s'exercera de plus en plus
« en la langue grecque de laquelle il a eu bon fon-
« dement, fera aussi debuoir de recouvrer ses lettres
« de naturalité et origine » (1).

L'hospitalière Montbéliard, qui ouvrait ses portes à tant de réformés, ne voulait pas cependant confier l'éducation de la jeunesse à des sectaires ou à des gens de mœurs suspectes ; en outre, l'orthodoxie de ce temps repoussait les calvinistes, ou du moins les obligeait à une entière soumission aux lois religieuses du pays.

Le premier maitre fut ensuite Jean Thiersault, qui fut nommé pasteur à Montécheroux le 8 juin 1599; après lui, Viénot Barthol, bientôt aussi ministre à Montécheroux, le 15 août 1599, « pour ce qu'il semble estre plus propre au ministere qu'a regenter, que pour ce aussy que raison de la trop grande familiarité de luy et de l'aultre maistre d'escole latine, son cousin (Daniel Barthol), a heu quelques petites difficultés entre les maistres de ladicte escole. » Son successeur Nicolas Macler résta en fonctions de 1599 à 1606.

Comme seconds maitres, je puis citer Elisée Parent (avant 1573), Jean Carrière (1584), Guillaume Thurin (1586), Mathieu Barthol (1592), Daniel Barthol (1597), Ogier Debout (1598), Jehan Viénot (1599), Pierre Vurpillot (1605), puis Jacques Euvrard : ils se succèdent rapidement dans ce poste assez peu en-

---

(1) Ainsi, le 20 juin 1586, le Lorrain Michel Millot était, avant que d'être investi d'une charge de maitre, mandé par le superintendant et un conseiller « pour estre ouy et entendu quant au faict de la religion. »

viable, où les mieux payés touchaient 156 francs (1). Il y avait encore des troisièmes maîtres depuis 1580 : Jean Billard, qui, à cause de sa vieillesse et de la dureté des temps, reçut (le 2 octobre 1583) le modique secours de 10 francs forts, et un demi-bichot de froment; puis Jacques Fagot ou Fagotus (1585) et Michel Millot (1586). Ces troisièmes maîtres, logés aussi dans le bâtiment de l'école, enseignaient à lire et à écrire aux écoliers des dernières classes, c'est-à-dire des écoles françaises, rattachées à l'école latine ainsi qu'une école allemande, confiée à un maître spécial. En 1583, le maître d'école allemand, Jean Seefus, avait 60 francs faibles et 3 bichots de froment pour gage ordinaire : il représentait que ce traitement était insuffisant. Le Conseil, « par pitié, commisération et par grace, lui accorde septante frans fortz, desquelz il debura estre payé et content à l'advenir. » Les autres maîtres durent aussi lui donner une portion du jardin de leur école, « attendu qu'ilz ne sont chargez d'enffans et qu'il y a place suffisante pour les commodités et usages de eulx trois, comme aussy leur desclareront qu'on entend que le bois qu'est apporté par les escolliers soit esgallement partagé eutre eulx trois, attendu que le suppliant n'a tel grand nombre d'escolliers comme les deux autres. » (3 janvier 1584.) Pour éviter des contestations avec les parents, on ordonna au receveur du chapitre de lui payer son traitement supplémentaire de dix francs forts (16 dé-

(1) Johan Viénot touchait 54 fr. forts et 3 bichots, moins que certains maîtres de la campagne. Comme il est «ung jeune homme de bonne conduite, soubz lequel la jeunesse prouffite fort, » on lui accorde une augmentation d'un bichot et demi et de trente-six francs (30 juin 1602). D'après M. Castan, la puissance de l'argent était, il est vrai, dix fois plus forte qu'aujourd'hui.

cembre). En 1603 Seefus obtenait pour son fils une pension de quarante francs forts afin d'apprendre deux ans la pratique judiciaire en Bourgogne.

En dehors de l'école il y avait d'ordinaire un *organiste* qui donnait des leçons de chant aux futurs pasteurs. C'était en 1585 Jean Ruet, qui se qualifiait d'*écuyer;* il obtint alors un gage annuel de 50 francs avec un bichot et demi de froment; pour cette modique somme il devait venir le lundi à la chancellerie aider à expédier les requêtes, et y être présent aux audiences du jeudi.

Telle était la modeste condition des maîtres au XVI° siècle.

Quant à la discipline, l'ordonnance nous en donne une idée suffisante. Elle constate que l'enseignement requiert un homme « d'une singulière industrie, fort patient et de grand labeur. » Elle ordonne aux ministres de dire en chaire combien les maîtres ont de soin, de travail, d'ennui et de désagrément. Il est vrai qu'on recommande aux maîtres de ne pas injurier avec furie, « désordonnément » mais de reprendre avec douceur et bonnes paroles. Si ces moyens sont insuffisants, alors le pédagogue pourra user de la verge, pour réprimer la négligence et la malice : c'est un système assez dur, mais nullement abrutissant comme les pensums et les retenues. Défense est faite toutefois de « battre par la teste, de bailler des soufflets au visage, de tirer ou tordre les oreilles, de tirer les cheveux, d'égratigner (sic), » d'obliger à tendre la main pour recevoir les verges. Ainsi, le fouet était jugé une peine plus pédagogique que le soufflet : quant à tendre la main, les vieillards de notre temps peuvent raconter qu'ils l'ont fait souvent !

Le maître doit employer les éloges et l'émulation

pour exciter à bien faire. — Les élèves sortent de classe deux à deux; le maître les conduit à quelque distance de l'école, pour qu'il n'y ait point de rixes et de cris. Il veille au bon ordre à l'église, punit le bruit et le bavardage pendant le prêche; les élèves doivent être au temple en manteau et le livre de prières à la main.

Au besoin, le maître doit avertir les parents d'envoyer régulièrement leurs enfants à l'école; s'il n'est point écouté, il en fait rapport aux magistrats et aux visiteurs des écoles. Deux fois l'an les ministres parleront sur ce sujet et avertiront « de ne pas adjouter foy legierement aux complaintes qu'ilz leur font de leurs maistres en la maison, ne les flatter. » Quelle connaissance du cœur des mamans avaient ces rédacteurs de l'ordonnance !

Le maître intervient dans les combats singuliers, punit ceux qui parlent français hors de l'école latine ou au dedans, les indisciplinés, les élèves qui s'absentent, ceux qui viennent sans livres, papier et écritoire, pour ne rien faire ou avoir un motif de sortir. Les ordonnances sont affichées dans la classe et chaque trimestre on en fait lecture.

Le magister doit avertir les parents, quand un élève ne peut profiter des leçons, afin qu'on lui apprenne un métier; mais il faut éviter la précipitation, et tenir compte de l'âge, parce que souvent les derniers deviennent les premiers (1).

C'est par les administrateurs du pays (en général) que les *postulants* étaient présentés à l'examen des conseillers ecclésiastiques. Il leur fallait produire des certificats, faire connaître le lieu de leur naissance et leurs fonctions antérieures. Une leçon était

(1) Ceci suppose franchise et désintéressement de la part du maître.

faite devant quelques théologiens ; le maître devait justifier en [outre de la pureté de ses croyances religieuses. Sur un rapport des pasteurs, il était nommé par le gouvernement et promettait de montrer l'exemple d'une vie honnête et sans reproche, de ne parler que latin avec les enfants qui savaient la grammaire, de ne s'absenter qu'avec la permission des visiteurs, qui le remplaceraient, de ne point faire office d'avocat ou de médecin, et d'avertir le magistrat trois mois d'avance s'il voulait quitter son poste. A Montbéliard, les maîtres étaient des théologiens, des candidats au saint ministère, qui exerçaient même quelques fonctions sacrées. Ils assistaient à la Conférence ecclésiastique, tous les trois mois, le dernier mercredi des mois de juin, juillet et août, dans la grande salle des audiences, aux Halles, avec les pasteurs du comté et les candidats en théologie revenus de Tubingue (1).

De ce choix, il résultait que l'éducation n'était nullement sacrifiée à l'instruction, et que la religion tenait le premier rang dans les matières enseignées. Les maîtres devaient inspirer à leurs élèves des sentiments de piété. La classe du matin commençait, selon la tradition catholique, par la prière à l'Esprit Saint : *Veni, Creator Spiritus;* après midi les élèves récitaient avec recueillement le premier et le dernier vers de cette hymne, avec les collectes usitées. Deux fois par jour, avant la sortie, un élève récitait une partie du catéchisme. Tous les vendredis il y avait une récitation du catéchisme, faite en

---

(1) Journal *La Vie nouvelle*, 15 février 1888.
En 1687 le recteur Vurpillot recevait 90 fr., 6 bichots 12 quartes de froment, 6 bichots d'avoine ; le corecteur Thobie Droz, 80 fr. 4 bichots et 12 quartes (pour la musique); Breckmann touchait 80 livres, 3 bichots 18 quartes, plus 12 quartes d'avoine. *(Archives du Doubs*, E. 78.)

latin par les plus âgés. Le vendredi, ainsi que le dimanche, les élèves devaient tous assister aux prêches du matin, d'après-dîner et du soir, ainsi qu'aux litanies (ou prières). Le samedi, vers onze heures, le maître expliquait et commentait l'évangile du dimanche, en latin, et même en grec pour les plus avancés. Tous les vendredis et samedis, après le dîner, on exerçait « ès presches de l'Eglise, en françois et en latin; » un quart d'heure était consacré au chant, qui était enseigné surtout par l'usage, plutôt que par les préceptes.

On tâchait d'inspirer aux pédagogues le sentiment de l'importance de leur mission.

Les maîtres ne devaient penser « estre commis sur les enffans comme les bergiers sur les porcs ou austres bestes; mais qu'ilz en ont la charge comme d'un thrésor céleste, lequel ilz doyvent garder avec grand soin et grande diligence » (1). L'instruction religieuse était mise au premier rang et continuée pendant tout le cours des études.

Pour que les élèves eussent d'utiles distractions, on leur faisait faire des exercices dramatiques. En 1588, ils représentèrent sur la place de Montbéliard la tragédie de la *Tentation d'Abraham*, œuvre de Jean-Georges, maître d'école de Saint-Julien, qui la fit représenter de nouveau et imprimer au mois d'août 1609. Certains élèves, enthousiasmés du théâtre, formèrent le risible projet de courir le monde en qualité de comédiens ambulants, comme les héros du Roman comique de Scarron; ils purent même

---

(1) Ces règles étaient faites pour tous les maîtres.... En 1687, Quaislot, maître d'école en l'école française, touchait 54 fr., 3 bichots de froment; Fayot 20 fr., 2 bichots 6 quartes en froment pour le chant; Elisabeth Carray recevait un bichot, 12 quartes; la femme Fayot 12 quartes, le tout de la recette du chapitre. C'est qu'on avait créé l'école des filles en 1680. (*Archives du Doubs*, E, 78.)

acheter des habits de voyage; aussi le gouverneur, baron Georges-Léopold de Landau, (qui administrait la ville depuis le 21 juin 1607), ordonna-t-il aux conseillers de faire une enquête sur cette équipée et d'admonester les coupables ainsi que le recteur des écoles, maître Jacques Euvrard (1). Le 13 février 1627, les élèves représentent au château la tragédie de *David combattant,* devant le duc Louis-Frédéric, sa cour et les membres de son conseil. Le surlendemain ils donnent deux représentations à l'hôtel-de-ville, en présence d'un nouveau public, la première dès huit heures du matin, la seconde de midi à deux heures. Ces exercices servaient à donner de l'assurance aux jeunes gens, destinés pour la plupart à parler un jour en public, comme avocats, procureurs, notaires, huissiers, administrateurs de la ville, et surtout en qualité de pasteurs. Beaucoup d'entre eux, en effet, étaient destinés aux fonctions pastorales. C'est pour ces derniers que furent intitulés des *cours élémentaires d'hébreu,* qu'on exigea, selon la méthode de Sturm, que les élèves rendissent compte au maître de ce qu'ils avaient retenu des sermons du vendredi et du dimanche; enfin, c'est aux futurs pasteurs qu'étaient réservées des bourses et des demi-bourses; sans parler des secours que les élèves peu fortunés recevaient parfois de la boîte des pauvres. Les bourses étaient appelées *stipends* (du latin *stipendium).* (2)

L'origine des *stipends* ou bourses, accordées par faveur à des écoliers, ne me paraît pas antérieure à 1548. C'est la date du célèbre Intérim de Charles-Quint: à cette époque, le catholicisme reprenait de

---

(1) *Ephémérides* de Duvernoy.
(2) J'ignore la date de la fondation des cours d'hébreu.

l'importance à Montbéliard, mais pour quatre ou cinq années seulement, jusqu'à 1553, époque du triomphe des doctrines de l'église évangélique. (1) Jean Roland, bourgeois de Blamont, adressa une requête au prince, qui était le duc Ulric, pour obtenir des stipends en faveur de son fils. Il représenta que son beau-frère, François de Villers de Saint-Hippolyte, jouissait de la chapelle de Sainte-Marguerite dans l'église de Montbéliard; mais ce Villers n'avait plus voulu tenir cette chapelle et s'était marié. Jean Roland demandait les revenus de la chapelle, qui ne valaient guère que 7 ou 8 francs par an, parce que les rentes s'étaient perdues depuis le commencement de la Réforme; il les obtint en faveur de son fils, « pour icelluy entretenir aux escolles » (23 janvier 1548). Quelques années plus tard, Gédéon, fils de Thomas Cucuel, jadis diacre à Montbéliard, était chapelain du Mongny d'Annegon (ou Magny-d'Anigon) et touchait chez le notaire Antoine Bouvier 8 francs de rente sur la chapelle de l'église : Mr du Mongny était collateur alternatif desdites chapelles *(Arch. du Doubs,* E. 86). Mais les stipends ne furent régulièrement accordés que depuis 1557. Par un codicille à son testament (4 avril), le comte Georges légua au séminaire de Tubingue 10,000 florins pour l'entretien de six jeunes gens nés dans le comté de Montbéliard, et de quatre des seigneuries d'Horbourg et de Riquewihr, qui se consacreraient à l'étude de la théologie. Les premiers admis furent Nicolas Thourelet, André Vuillard, Pierre de Toux, François Pelletier, Vernier Vessaux et Antoine Tiersault, qui entrèrent au séminaire en avril 1560.

(1) L'Intérim fut une trêve qui permit aux prêtres catholiques de reparaître à Montbéliard. Le traité de Passau (en 1552) abolit l'Intérim.

A ses débuts, l'institution nouvelle donnait de médiocres résultats. Par une lettre du 30 janvier 1563, le duc Christophe de Wurtemberg déclare qu'il est fort étonné que l'école latine de Montbéliard ne puisse envoyer au séminaire ou cloitre de Tubingue des sujets assez capables et instruits. Il s'en plaint avec vivacité, et il engage les visiteurs des écoles à y porter toute leur attention, afin que le recrutement du clergé ne soit point compromis. On sait que le duc Christophe s'est toujours montré ardent prosélyte et zélé pour les intérêts de la Réforme. Cependant ses sujets ne semblaient pas tous comprendre ses intentions : en 1562, il se plaignait de ce que les habitants de sa seigneurie alsacienne de Riquewihr ne lui envoyaient aucun étudiant; les parents craignaient, paraît-il, qu'on ne fît de leurs enfants des prêtres *(Coll. Duvernoy)*. Peut-être aussi craignaient-ils la promulgation d'un nouvel Intérim (1). Néanmoins l'institution des stipends commençait à être appréciée dans la ville de Montbéliard : des habitants, de toutes les classes de la société, réclamaient des bourses pour leurs fils ; je citerai Albert Zorn (1559), le vice-chancelier Voglmar (1561), le grenetier Pierre Spingler (1562), ces deux derniers pétitionnant chacun pour deux enfants; puis la veuve de Georges de Franquemont (1564); Anne de Cornol, veuve du capitaine du fort de Blamont, Gaspard Tanchard de Passavant, demande une bourse pour son petit-fils en 1596, etc.

Le gouvernement ducal prit la résolution de réglementer d'une façon définitive l'organisation des stipends. En 1586 le nombre des stipendiaires fut fixé à six ; chacun recevait pour gage un bichot de froment, avec la somme de 18 francs ; cette rente

(1) *Revue d'Alsace*, 1878.

était payée à chaque trimestre par le receveur du chapitre, sur les fonds de la recette ecclésiastique; le stipend était accordé pour trois années *(Coll. Duvernoy)*. Désormais les stipends ne cessèrent pas d'être délivrés, de 1585 à 1793; ils demeurèrent réservés aux jeunes théologiens, et non à des étudiants laïques. En outre, une caisse de secours était destinée à payer les frais d'études des élèves pauvres au gymnase de la ville et à l'université de Tubingue (1).

Il y avait aussi, mais à divers intervalles, des *expectants*, c'est-à-dire des demi-boursiers, au nombre de quatre; chacun d'eux touchait six quartes de froment, avec 4 livres 16 sols par année. Les uns étaient dans la première ou la deuxième classe du gymnase, d'autres, mais rarement, dans la dernière classe de l'école latine et même dans l'école française. On lit dans une *Relation de l'origine et antiquité de la ville de Montbéliard :* — « Ils sont, peu après, de là envoyés ès académies en Allemagne et singulièrement en celles du duché de Wurtemberg, pour y faire le cours de leurs estudes en philosophie et principalement en la faculté de théologie, pour pouvoir, avec le temps, servir à l'Eglise de la ville et du pays; ayans par mesme moyen aussy la commodité de pouvoir se façonner en la langue allemande.... Il y a peu d'enfants de cette ville qui ne désirent de voyager en France, d'où ils rapportent la langue en cette ville de Montbéliard. L'Allemand y peut apprendre le langage français et le Français l'allemand. » Le poète Mathias Schneuber, de Mülnheim, en est un exemple. (2)

(1) Registre du bureau d'administration du collège (1831). Une quarte valait 40 livres (27 litres 2) de blé; un bichot valait 24 quartes (642 litres).
(2) La plupart des *expectants* devenaient *stipendiaires*.

L'auteur de cette relation, rédigée vers 1660, a parfaitement compris le caractère particulier de notre ville frontière : il aurait pu ajouter que des personnes du pays s'intéressaient aux stipendiaires : en 1588, Claude Demouriez, ministre à Brevelier, lègue ses biens au prince à charge d'entretenir un enfant « à l'étude théologique. » En 1655, Jean Parray, ministre à Blamont, lègue à l'église française 310 francs forts dont la cense (ou revenu) sera distribuée aux stipendiaires lorsqu'ils iront à Tubingue, et destinée à l'achat de livres ou à autres dépenses utiles (1). Il ne faut point, à ce propos, s'extasier naïvement sur le zèle que nos aïeux avaient pour l'étude et pour l'avancement des jeunes gens dans l'instruction. En réalité, il s'agissait de pourvoir au recrutement du clergé, auquel les classes riches ne fournissaient peut-être pas assez de sujets pour que l'on pût remplir toutes les cures de campagne. Les catholiques, depuis le XVIe siècle, entretiennent au séminaire des enfants pauvres qui deviennent plus tard ce que le peuple appelle irrévérencieusement « des curés de charité. » Il en était de même chez les protestants. L'ordonnance ecclésiastique s'exprime en ces termes : « Que si plusieurs avoient volonté de retirer
« de l'eschole leurs enffans, desquels on pourroit
« avoir aucune esperance d'avancement ès lettres,
« et qu'ils eussent assez de bien pour les entretenir
« ès estudes, le superintendant les advertira de
« laisser leurs enffans poursuyvre leur estude : et

---

(1) *Coll. Duvernoy.* Beaucoup de jeunes Montbéliardais allaient étudier la médecine et le droit à Strasbourg : mais tous n'étaient pas stipendiaires. Réciproquement, plusieurs maîtres vinrent de l'Alsace enseigner à Montbéliard.

« auront soing de faire entretenir les enffans de
« ceux qui n'auroyent de quoy les entretenir du
« revenu de l'Eglise, si en ces lieux là il y en a. »
Il était fort rare qu'un stipendiaire abandonnât l'étude de la théologie. On peut citer, parmi les exceptions, le célèbre Nicolas Thourelot, fils d'un notaire. Né en 1547, stipendiaire en 1560, il se voua pourtant à la médecine; mais ce fut avec le consentement du prince, car deux membres du magistrat de Montbéliard furent députés à Bâle en 1570 pour assister à sa réception au doctorat et lui offrir un présent; en 1571 il devint professeur de médecine à l'université d'Altorf. L'illustre Cuvier, deux siècles plus tard, obtint aussi, fort heureusement pour la science, l'autorisation de se livrer exclusivement à l'étude de la botanique, de la zoologie, et de la science de l'administration : aussi devint-il un des plus grands savants de son siècle, au lieu de n'être qu'un pasteur sans vocation et peu zélé (1).

Voici la formule obligée de la demande d'un stipend :

« Le soussigné Léopold Friderich Leconte, âgé d'environ quatorze ans, troisième de la seconde promotion de l'école de Monsieur le recteur, du consentement de son père, qui suivant ses moyens veut bien fournir à ses études, le dévouant à celle de la sainte théologie, supplie Son Altesse Sérénissime de vouloir lui faire la grâce de le recevoir au

---

(1) *Coll. Duvernoy, et Notice dans les Mém. de la Soc. d'Emul. de Montbéliard.* — Jean-Nicolas Binninger, fils du ministre de Seloncourt, obtint du prince la permission de faire des études de médecine, à l'université de Halle (1709). Hector Carray eut en 1575 50 florins pour faire ses études de droit à Tubingue, puis à Heidelberg. *(Duvernoy.)*

nombre de ses stipendiaires de sa principauté de Montbéliard aux gages y annexés ; promettant moyennant l'aide du Seigneur, qu'il supplie ly vouloir assister de s'y appliquer de tout son pouvoir et de desservir un jour étant appellé en son ordre l'emploi qui luy sera confié avec fidélité et attachement et pour tel bien ; il redoublera ses prières à Dieu pour la conservation *de sa delte* à S. A. S. et pour la bénédiction de son règne. Fait à Montbéliard le 24 aust 1723. L. F. Lecomte. » Le candidat s'engage donc à s'acquitter convenablement plus tard d'un emploi public.

Le gouvernement du Wurtemberg exigeait aussi que tout candidat boursier signât d'avance une pièce constatant qu'il restituerait les stipends s'il abandonnait l'étude de la théologie. Il est vrai que le duc pouvait faire remise de cette restitution, ce qu'obtint par exemple, en 1757, le stipendiaire Mequillet, devenu enseigne au régiment suisse de Planta. Le texte officiel était ainsi fixé.

Formule de promesse de restitution des stipends (vers 1650).

« Je confesse et fais savoir par cestes, S. A. très illustre hault et puissant Prince Monseign. Leopold Frideric, duc de Wirtemberg et Teck, comte de Montbeliard, etc. estant porté d'un chrestien mouvement et zèle à faire entretenir gratuitement quelques stipendiaires au séminaire de Montbéliard et cloistre de Tübingue, principalement ceux qui sont depourveus de moyens requis et necesssires a la poursuite de leurs estudes, et qui sont originels de ses Comté

---

(1) *Archives du Doubs.* Ce Lecomte, devenu docteur en médecine, mourut en 1748. *(Coll. Duvernoy.)*

et seigneuries, veue et considérée tant ma très humble requeste et supplication, et celle de mes pere et mere (parents, tuteur et curateur) que la ferme et entiere resolution que jay moyennant laide de Dieu de suivre les estudes, m'a receu d'une pure grâce et faveur pour stipendiaire au gage annuel d'un bichot froment et de dix-huict frans-forts, jusqu'à ce que je parvienne à l'université de Tubingue, à raison de quoy après une très humble recognoissance d'une telle grace et bienfaict, j'ay promis et promets par la presente, moyennant l'aide et assistance divine, de continuer les estudes, et ce tant seulement celles de la theologie sans passer à d'aultres universitez qu'il ne plaira à S. A. ou aultre profession et estude qu'il est mentionné, à l'insceu et sans préalable permission de Sad. A., et venant à me rendre propre et capable de servir S. A. ses successeurs et pays, de ne m'engager en aulcun service estranger, sans le sceu et consentement et permission de S. A.; ains d'attendre en dehue obeyssance une plasce vacante, s'il plaist à S. A. et à ses successeurs de m'employer et se servir de moy comme de ministre ou pasteur, de diacre ou mre d'escole, moyennant gage et salaire convenable. Je promets aussy en vertu des presentes de garder inviolablement toutes et une chascune des choses susdites et de n'y contrevenir soubz aulcune exception ou contradiction que ce soit, et je, père (tuteur, parents, amys) promets aussy, en vertu des présentes, de faire, d'aduiser et apporter tout mon possible, remonstrer et advertir mon fils (pupil, etc.), de garder ce que dessus, sans y contrevenir à quoi que ce soit, et au défault de tel debvoir, et tel benefice venant à tomber en mésus par une malicieuse et inexcusable nonchalance, ou aultre punissable ingratitude et desoboyssance, de restituer et rembourser S. A. en temps et ainsy que de raison sans aulcune difficulté tous et un chacun les frais fournys, toutefois estant hors de coulpe sans mon prejudice et de mes aultres enffans (tuteurs ou parents). En foy de quoy nous avons soubsigné les présentes cy apposé nostre cachet » (1).

A la suite d'abus criants, une ordonnance du 27 octobre 1723 ordonna de nouveau qu'à l'avenir les parents des stipendiaires feraient serment de restituer les frais d'études de leurs enfants, dans le cas où ceux-ci abandonneraient l'étude de la théologie . . . .

Telle est à cette époque déjà lointaine l'organisation des écoles. Malgré les pestes de 1563 et 1572, et la guerre de 1587, leur situation était florissante au début du XVII° siècle. Un règlement daté du 27 octobre 1603 nous en donne une idée. Sur l'ordre du Conseil, les conseillers Stoffel et Belleney, le surintendant Oswald, les ministres Cucuel et Jacques Macler, rédigèrent ce court règlement. Dans la classe de Jean Viénot, le maitre devait dicter de bonnes expressions tirées des auteurs, pour servir aux compositions et aux arguments. Les plus avancés expliquaient Térence à une heure les jours où il n'y avait pas thème ou argument à corriger. Chaque semaine on apprenait par cœur une ou deux sentences des Evangiles dominicales. Dans la classe de Nicolas Macler, on faisait la première heure (de 6 à 7) de la grammaire et de la dialectique, on expliquait l'Enéide de 8 à 9, et de 9 à 10,

(1) Depuis 1618, les jeunes candidats en théologie étaient pourvus d'une chaire d'après leur ordre de mérite au sortir du gymnase.

les Epîtres de Cicéron avec des préceptes de rhétorique ; de midi à une heure on avait Isocrate, puis les plus avancés entendaient l'exposition de quelques oraisons de Cicéron. Le diacre Alexandre — Hut exerçait les élèves à diverses sortes de déclamations. Les élèves inférieurs étudiaient Térence, la syntaxe, et de 3 à 4, la grammaire et la syntaxe grecque ; l'exercice de style était maintenu ; le vendredi il y avait catéchisme et le samedi explication de l'Evangile dominical. Tous les jours avant midi un quart d'heure était consacré au chant des psaumes (1).

Le plan d'études ne fut guère modifié au XVIIe siècle ; mais les princes, encouragés par le succès de l'école, voulurent créer un grand Collège ou Université : dès 1598, le duc Frédéric acheta dans la *neuve ville* plusieurs immeubles pour son emplacement ; en 1604, ses bâtiments s'élevèrent (c'est aujourd'hui le presbytère catholique). Le 30 juillet 1611, après avoir pris l'avis des professeurs de Tubingue, les conseillers constataient que le niveau des études était satisfaisant à l'école latine : « on pourra lire quelquefois, disaient-ils, au lieu de Vergille, quelques traités honnestes d'Ouide, et les livres De Amicitia et De Senectute ou les offices de Cicéron au lieu d'autres escrits du même autheur. Mais les changements et nouvautés sont conjointes avec périls. » L'Ecole était si florissante que les circonvoisins y avaient envoyé une multitude de jeunes gens ; les stipendiaires qui passaient à Tubingue étaient admis pour la plupart à la quatrième classe de l'université et prenaient le grade de bachelier incontinent, à la première occasion qui se

(1(*Coll. Duvernoy.*

présentait. On louait beaucoup le zèle des maîtres (Guyon Brisechoux, auteur de plusieurs ouvrages classiques, P. Thurin, Jean Viénot (1). Un plan d'études fut créé pour une Université, dont les maîtres auraient été Brisechoux lui-même, les ministres Macler, Tiersault et Regnard (2); mais ce plan ne fut point appliqué. Les périls de la guerre de Trente ans arrêtèrent tout progrès de l'instruction. Cependant, de 1636 à 1653, l'Ecole latine était florissante de nouveau sous la direction du savant Pierre Tuefferd; et son successeur Jean Brisechoux resta longtemps en fonctions (1653-1683); c'est alors que le duc Georges décida en 1664 la création d'un grand Collège, qui prit le nom d'Université en 1671. Cette université trop éphémère ne dura que de 1671 à 1677 : l'occupation française vint disperser maîtres et élèves, puis établir deux capucins dans le vaste bâtiment (3). Quant à l'Ecole latine, elle restait ouverte. Les visiteurs avaient fait rétablir en 1664 des exercices disputatoires publics que les diacres allemands et français faisaient sur la *physique*, la *morale* et l'*astronomie*, lorsqu'il y avait des écoliers capables de suivre des cours scientifiques; le rétablissement de ces cours spéciaux avait paru nécessaire pour que les progrès des élèves fussent suffisants dans les matières scientifiques. Le programme des études avait donc été relevé.

(1) *Archives du Doubs*, E. 81. Signé : Samuel Cucuel, J. Tiersault, Nicolas Macler, Melchior Kempffer, M' Ant. Regnardt, diacre.
(2) *Mém. de la Soc. d'émul. de Montbéliard*, 1857. Dès 1612 un plan d'études était fait pour l'instruction des filles. *(Coll. Duvernoy.)*
(3) L'université exista concurremment avec l'école latine : les jeunes Montbéliardais pouvaient donc compléter leurs études à Montbéliard même.

Mais à peine le traité de Ryswick, en 1697, eut-il rendu Montbéliard aux ducs de Wurtemberg, que le despote capricieux et débauché Léopold - Eberhard (de 1699 à 1724) tyrannisa les bourgeois, dilapida les finances du comté, et laissa tomber en décadence l'Ecole latine, dans laquelle il introduisit en 1709 un précepteur allemand qui pouvait à peine se faire comprendre. Il était réservé au duc Eberhard-Louis, puis à Charles-Alexandre, de relever les études et de réorganiser l'Ecole latine sous le nom de gymnase.

CHAPITRE I

Le supplément a l'Ordonnance ecclésiastique (1724); le plan d'études et la réforme des stipends; les visiteurs et le Conseil de régence; création du Gymnase (1731); méthodes, exercices, livres classiques employés a cette date; le recteur Megerlin 1730-1735); le corecteur et le sous-corecteur; digression sur les petites Ecoles, désormais séparées du Gymnase.

Le duc de Wurtemberg Eberhard-Louis, sur l'avis de son conseil, promulgua le 30 août 1724 le *Supplément à l'ordonnance ecclésiastique de 1559*, pour qu'il fût donné une meilleure instruction religieuse et que les Ecoles françaises et latines fussent à l'avenir mieux tenues. Un long préambule rappelle le but principal des écoles chrétiennes et traite de l'éducation religieuse; puis viennent d'importantes recommandations sur l'enseignement dans les petites écoles. Quant à l'Ecole latine de Montbéliard, elle doit être mise sur le pied d'un gymnase d'Allemagne; les élèves pourront y achever le cours de philologie et les parties fondamentales de la philosophie, afin d'être en état de passer ensuite aux académies. Le nombre des classes sera de cinq: la plus basse, sous deux maîtres d'école français; la deuxième et la troisième sous le corecteur, la quatrième et la cinquième sous le recteur. Dans la première, les enfants apprendront à bien lire et écrire le français et le latin « et pour l'allemand, qui est aussi nécessaire à ceux qui ont dessein d'aller étudier dans des académies d'Allemagne, ils pourront l'apprendre dans des heures privées.» On apprend aussi les éléments de la grammaire, l'étymologie des mots, le vocabulaire de Cellarius (1). Tous les jours la Bible est lue; le vendredi et le dimanche sont réservés aux matières de religion. Dans la seconde classe, les ouvrages classiques sont la petite grammaire latine, qui est vue entièrement, la nomenclature de Cellarius, les colloques de Langhius (2), ou l'*Orbis pictus Comenii* (3); les élèves étudient les premiers principes de la composition. Dans la troisième classe, ils récitent l'introduction à la Syntaxe de la grande grammaire latine, expliquent les Colloques d'Erasme, ou le Soldat chrétien, Cornelius Nepos, répètent Cellarius, commencent les thèmes et versions, et abordent les éléments du grec. Dans la quatrième on étudie la syntaxe grecque et latine. Les auteurs sont César ou Cornelius Nepos (en dépit de leur inégale difficulté), les Tristes d'Ovide, et en grec

---

(1) Christophe Cellarius (1638-1707) fut recteur de plusieurs collèges, puis professeur d'éloquence à l'université de Halle. Philologue de premier ordre, il contribua beaucoup au relèvement des études classiques. Il a publié une *Grammaire latine* souvent réimprimée, un *Brevarium antiquitatum romanum*, une *Hist. universelle* en latin, une *Notitia orbis antiqui*.

(2) Joachim Lange (1670-1744), professeur de théologie à l'université de Halle, a publié une *Gramm. lat.*, une *Gramm. grecque*, qui furent très appréciées, et des *Colloquia latina* (Halle, 1705).

(3) L'illustre pédagogue Jean Comenius (1592-1671) dirigea les écoles protestantes à Lissa, et eut une vie fort accidentée. On a de lui plus de cent ouvrages, entre autres: *Janua linguarum reserata*, méthode pour apprendre les langues; *Orbis sensualium pictus* (Nuremberg, 1658) sorte de *Janua* illustrée de gravures à l'usage des enfants, etc.

le Nouveau Testament. On y joint la composition latine et grecque. Le maître peut dicter dans les thèmes, par une liaison suivie, l'histoire universelle et la morale chrétienne : (j'ignore s'il pouvait faire tenir un cours complet d'histoire et de morale dans les thèmes de l'année) ; la logique et la rhétorique étaient commencées et l'on faisait les premiers exercices *de progymnastibus* « avec la variation et les arrangements des périodes. » Les élèves de la cinquième classe traduisent les Devoirs, les Lettres et les Discours de Cicéron (en partie), Virgile ou Horace ; en grec, les discours les plus faciles de Démosthène et de Saint-Jean-Chysostome ; en hébreu, ils ont la grammaire de Schickard et expliquent la Genèse (1). L'étude de la logique et de la rhétorique est complète, et admet des essais analytiques, des disputations comme au XVI° siècle : « on pressera sur la pureté et l'élégance du style. » Quelques heures seront consacrées à l'histoire universelle, à la morale et à la physique : ces deux dernières sciences étaient enseignées à l'école latine de Montbéliard dès le milieu du siècle précédent. Ce plan d'études, en somme, n'est guère différent de celui que renfermait l'ordonnance de 1559 : c'est précisément ce qui prouve que la décadence de l'école obligeait de revenir purement et simplement aux vieilles traditions.

Les précepteurs, appelés dans le Conseil de régence, entendirent la lecture de l'ordonnance et promirent solennellement de s'y conformer.

(1) *A Paris, l'hébreu n'était alors enseigné que dans les collèges du Plessis, de la Sorbonne, d'Harcourt et de Sainte-Barbe : ceci est à l'honneur de Montbéliard.*

En 1749 les deux premiers élèves de la haute classe recevaient en outre des leçons particulières d'hébreu, que leur donnait l'un des visitateurs. Le recteur Megerlin enseignait même le chaldéen.

Ces maîtres étaient nommés, comme au XVI⁰ siècle, par un rescrit du prince, sur la présentation de plusieurs candidats par les visitateurs des écoles, qui donnaient leur appréciation écrite du mérite de chacun d'eux, ou se contentaient de voter en comité secret. Bien entendu, c'était parfois la faveur qui décidait du choix, et il y avait de véritables brigues, malgré la modicité des avantages accordés aux maîtres, lorsqu'il fallait pourvoir à un poste vacant.

Le recteur ou régent nommé prêtait serment, par devant le surintendant des églises, de remplir ses devoirs avec toute la fidélité, la vigilance et l'exactitude requises : au XV⁰ siècle, c'était devant les Neuf-bourgeois que ce serment était prêté ; toutefois la municipalité avait perdu au XVII⁰ siècle tout contrôle sur les écoles.

Le recteur était, depuis 1699, Jules-Frédéric Duvernoy, auteur d'une Grammaire latine estimée à Montbéliard, et d'une traduction de l'*Instruction catéchétique* de Zuegel (1). Mais, en dépit de l'ordonnance, il n'avait qu'un collaborateur, le corecteur J.-J. Berdot (depuis 1722). Conformément à l'ordonnance, ils publièrent un tableau ou *tabelle* des leçons données à l'Ecole : les tabelles furent désormais approuvées par le Conseil de régence. Celle de 1728 est curieuse. Elle mérite d'être insérée ici même.

(1) Grammaire latine : Montbéliard, Biber, 1727 ; Instruction catéchétique : 1730.

TRACTANDARUM IN SECUNDA ET TERTIA CLASSE
GYMNASII MONTISBELGARDENSIS

	HORIS ANTEMERIDIANIS					
	Die Lunæ	Martis	Mercurii	Jovis	Veneris	Sabbathi
Promotio prima	(a) Syntax. lat. (b) Vocab. Cellarii. (c) Expos. Colloq. Erasm. aut. Castell. vel Corn. Nepot. (d) Aut. exam. et usus.	(a) Syntax. lat. (b) Vocab. Cell. (c) Expos. aut. class. (d) Aut. exam. et usus	(a) Prosod. lat. (b) Vocab. Cell. (c) Expos. Trist. Ovidii. (d) Aut. exam. et usus.	(a) Etym. Gram. græc. (b) Expos. Nov. Test. græc text. (c) Thema extraord. hist.	Instit. Catechet.	(a) Lectio et expos. Evang. Dom. græc. textus. (b) Thema ord. vel ex. Evang. Dom. vel ex. Theol. pract.
Promotio secunda	(a) Gram. lat. (b) Nomencl. Tril.(¹) (c) Expos. vel. Orb. Comen. vel. Colloq. Langii. (d) Aut. exam. et usus.	(a) Gram. lat. (b) Nomencl. Tril. (c) Expos. aut. class. (d) Aut. exam. et usus.	(a) Præcip. reg. syntax. lat. (b) Nomencl. Tril. (c) Expos. aut. class. (d) Aut. exam. et usus.	(a) Præcip. reg. synt. (b) Expos. aut. (c) Thema extraord. hist.	Catechism.	(a) Lect. et expos. Evang. Dom. lat. textus. (b) Thema. ord.

(1) Nomenclatura trilinguis, nomenclature en trois langues.

			HORIS POMERIDIANIS			
	Die Lunæ	Martis	Mercurii	Jovis	Veneris	Sabbathi
Promotio prima	(a) Correct. Thema. ord. (b) Expos. aut. class. (c) Aut. exam. et usus.	(a) Expos. aut. class. (b) Thema ad imit. aut. (c) Ejusd. Them. correctio.	(a) Prosodia lat. (b) Expos. Trist. Ovidii. (c) Exam. prosod. (d) Versus disturb. in ordin. redig.		(a) Explic. inst. catechet. (b) Exam. Etym. N. T. gr. text. (c) Correctio them. extraord.	
Promotio secunda	(a) Correct. Them. ord. (b) Expos. aut. class. (c) Aut. exam. et usus.	(a) Expos. colloq. (b) Tentamen ad imit. (c) Ejusdem correctio.	(a) Expos. Orbis Commenii. (b) Tentamen ad imit. (c) Ejusd. correctio.		(a) catech. repet. et exam. (b) Correctio them.	

HORIS PRIVATIS

Græca. — Arithmetica. — Poetica. — Historia universalis. — Græca. — Geographia.

SUPPOSITA GENERALIA

I. Præmittantur semper preces et lectio sacræ scripturæ porismatica vel parænetica.
II. Horis pomeridianis canatur hymnus sacer vel instituatur exercitium musicum.
III. Scholastica juventus ad lectiones publicas nonnisi benè præparata accedat, eaque quæ in scholâ recitanda sunt, domi memoriæ mandet.
VI. Quod præterea temporis domi restat, lectioni privatæ auctoris alicujus selecti impendatur, idque ex concilio et præscripto Præceptoris.
V. Denique Leges scholasticæ, quæ tùm ad religionem tùm ad bonos mores et disciplinam pertinent, accuratè serventur.

Montisbelgardi, typis Joannis Jacobi Biberi, serenies. Princ. typogr. (M. D. CC. XXVII.)

TRACTANDARUM IN QUARTA ET QUINTA CLASSE
GYMNASII MONTISBELGARDENSIS

	HORIS ANTEMERIDIANIS					
	Die Lunæ	Martis	Mercurii	Jovis	Veneris	Sabbathi
Promotio prima	(a) Art. cog. erot. Pars III et IV cum præcip. definit. et canon. metaph. (b) Expos. vel. epist vel offic. vel orat. Cicer. (c) Ejusd. aut. exam. et translat. ad usum.	(a) Art. cog. erot. Pars III et IV vel exercit. log. (b) Expos. vel epis. vel orat. Cicer. (c) Aut exam. et usus.	(a) Progymnasm. rhetor. (b) Expos. Virgil. vel Horat. (c) Aut. exam. et translat. ad usum.	(a) Syntax. græc. (b) Expos. vel Nov. Test. vel orat. select. Chrysost. (c) Thema extraord. vel hist. vel moral.	Instit. catechet.	(a) Expos. Evangel. vel epist. dominical. græc. text. (b) Thema ordinar. theolog.
Promotio secunda	(a) Art. cog. erot. Pars I et II. (b) Expos. Jul. Cæs. vel Corn. Nepot. (c) Ejusd. aut. exam. et usus.	(a) Art. cog. erot. Pars I et II. (b) Expos. Jul. Cæs. vel. Corn. Nep. (c) Aut. exam. et usus.	(a) Præcep. gener. Rhetor. (b) Expos. Trist. Ovid. (c) Exam. prosod.	(a) Præcep. Etymolog. gram. gr. (b) Exposit. Nov. Test. græc. (c) Thema extraord. vel hist. vel moral.	Idem.	Idem.

	HORIS POMERIDIANIS					
	Die Lunæ	Martis	Mercurii	Jovis	Veneris	Sabbathi
Promotio prima	(a) Correct. them. ordin. (b) Expos. vel epist. vel offic. vel orat. Cicer. (c) Aut. exam. et translat. ad usum.	(a) Expos. Cicer. (b) Thema ad imit. aut. (c) Ejusd. them. correctio.	(a) Progymnasm. Rhetor. (b) Recit. aut. poet. (c) Tent. vel rhet. vel poet. ex præscripto domi instituendum.		(a) Explic. instit. catechet. (b) Exam. aut. græc. (c) Correct. themat. extraord.	Componatur domi.
Promotio secunda	(a) Correct. Them. ordin. (b) Expos. Jul. Cæs. vel Corn. Nepot. (c) Aut. exam. et usus.	(a) Expos. aut. (b) Thema ad imit. aut. (c) Them. correct.	(a) Præcep. gener. Rhetor. (b) Recit. aut. poet. (c) Vers. disturb. in ordinem redigend.	Thema dictatum cum tentamine poetico.	Idem.	Thema ordinarium, idque tum latinè, tum græcè adjectâ quandoq.; exercitatione rhetoricâ.

HORIS PRIVATIS

Philosophia moralis. — Idem. — Physica. — Hebraica. — Historia eccl. — Hist. univ. et Geographia

I. Praemittantur semper preces et lectio sacræ scripturæ porismatica vel parænetica.
II. Horis pomeridianis canatur hymnus sacer vel instituatur exercitium musicum.
III. Scholastica juventus ad lectiones publicas nonnisi benè præparata accedat, eaque quæ in scholâ recitanda sunt, domi memoriæ mandet.
IV. Quod præterea temporis domi restat, lectioni privatæ auctoris alicujus selecti impendatur, idque ex consilio et præscripto Præceptoris.
V. Denique Leges scholasticæ, quæ tùm ad religionem tùm ad bonos mores et disciplinam pertinent accuratâ serventur

Ce texte montre qu'on apprenait les trois langues (latin, français et allemand) au moyen d'une nomenclature trilingue, analogue aux dialogues de Sebald Heyden; les élèves étudiaient la prosodie latine, remettaient sur leurs pieds des vers latins à dessein brisés (versus disturbati in ordinem redigendi), faisaient de temps en temps un exercice en prose ou en vers (tentamen) sans compter les thèmes et les versions. Les grands étudiaient les exercices sur l'art de penser (erotemata artis cogitandi), traduisaient pêle-mêle Cicéron, César et Cornelius Nepos, faisaient des exercices de rhétorique et de logique (progymnasmata), et, comme les plus jeunes, recevaient des leçons de religion.

Des prières et la lecture de la Bible précédaient toutes les classes; à midi l'on chantait un hymne; toute leçon devait être apprise à la maison (car il n'y avait pas d'étude); des lectures domestiques étaient fixées par le maître.

Dans toutes ces règles, on remarquera qu'il y a trop peu de temps consacré à l'étude des sciences. A peine daigne-t-on faire apprendre en des heures privées, c'est-à-dire dans des cours supplémentaires, la morale, la physique, l'histoire ecclésiastique, l'histoire universelle, la géographie, avec la langue hébraïque : ces dernières études devaient donc être superficielles.

Tel est le programme revisé conformément à la nouvelle ordonnance de 1724.

Cependant, par suite de récents abus, une autre réorganisation était nécessaire : c'était celle du système des bourses et des demi-bourses. Sous l'administration du fantasque et prodigue Léopold-Eberhard, les bourses n'étaient plus données comme autrefois à des jeunes gens de mérite exclusivement, qui voulaient devenir pasteurs, mais plutôt, par faveur et par intrigue, à des sujets qui n'étudiaient pas la théologie, et que de très puissantes recommandations désignaient au choix du prince. Le nombre des *stipendiaires* avait aussi diminué, à la suite des folles dépenses de la cour. Ces *stipendiaires* étaient : Wolff, Bonsen (fils d'un chantre de l'église allemande), Hillmann (fils d'un conseiller), Gunther (fils du receveur, qui se négligea et abandonna l'étude), deux fils du conseiller Goguel ; les enfants du précepteur des enfants du prince, qui se nommait Surleau ; le fils du châtelain Mahler (expectant), J.-F. Tuefferd, Bernard, Blanchet, Barthol, Binninger, S. Masson, Veron (plus tard pasteur), Diény, Méquillet, J.-J. Berdot (qui fut corecteur).

Après ce règne néfaste, une réforme s'imposait : les habitants de Montbéliard souhaitaient ardemment la fin du favoritisme. Le duc de Wurtemberg, empressé de faire oublier la tyrannie et les caprices de son prédécesseur, prit des mesures à ce sujet.

Les surintendants du cloître de Tubingue avaient adressé au souverain des plaintes très vives sur l'ignorance des sujets qui venaient de Montbéliard : la plupart demeuraient plusieurs années avant d'être en état de suivre les cours de l'Université ; d'autres s'en retournaient dans leur pays sans avoir fait de sérieuses études théologiques ; d'autres enfin abandonnaient ces études, dans lesquelles ils ne pouvaient réussir, et prenaient une autre voie.

Les bourses accordées à ces *stipendiaires* étaient donc inutiles au bien de l'Etat. Pour remédier à cet abus, le duc Eberhard-Louis décida qu'à l'avenir il ne serait plus reçu d'expectant qui ne témoignât de sa capacité et de son désir d'étudier la théologie, et qui ne fournît des certificats réguliers à ce sujet ;

en outre, tout stipendiaire du collège, qui voulait passer au séminaire de Tubingue, pour y continuer gratuitement ses études, devait soutenir un examen qui prouvât ses connaissances philologiques, historiques et philosophiques ; une attestation signée des visiteurs était exigée. Telles étaient les conditions expresses pour qu'un élève du Gymnase fût admis dans le *Stipendium* (30 août 1724). La réforme du système des stipends coïncidait avec celle de l'enseignement même : ces bourses étaient jugées nécessaires, et les ministres *visitateurs* des classes disaient en 1730 qu'il fallait rétablir les stipendiaires pour les églises et écoles, sans quoi personne ne voudrait faire étudier ses enfants. Les stipends excitaient parfois d'âpres jalousies : ainsi, le 20 décembre 1730, un certain Pierre Gardot demande que son fils Friderich soit stipendiaire. D'après son appréciation, les mœurs de son cher enfant sont plus réglées que celles des autres.... *(Mes petits sont mignons).* Ses condisciples le haïssent « depuis qu'il est dans la première classe, où il avance par sa diligence et les surpasse dans les *locations* » (c'est-à-dire dans les places données après les compositions). « Ceux qui veulent le surmonter et être devant lui stipendiaires le voulurent battre à l'église, s'il ne descendait pas, etc... » Peut-être faut-il attribuer à cette réclamation le vœu qu'émettent deux jours après les visiteurs. Ceux-ci réclament qu'on suive l'ordre de promotion au lieu de choisir les plus remarquables sujets, parce que ceux qui sont « d'un génie plus pesant, mais qui dans la suite peut agréablement se réveiller, devraient attendre trop longtemps. » Les visiteurs réclamaient qu'on ne choisît comme stipendiaires que des enfants du pays, attendu qu'il n'y avait que seize places à pourvoir dans le comté, et plus de sept cents dans le Wurtemberg. Sans être ennemis des Wurtembergeois, les Montbéliardais voulaient conserver leur complète autonomie : ils n'aimaient point que les bourses et plus tard les fonctions publiques fussent réservées à des personnes originaires du Wurtemberg. Cet avis est signé des visiteurs J.-C. Cuvier, Zügel (surintendant), J.-F. Duvernoy, D.-N. Berdot, L.-G. Peletier.

Il fut tenu compte de ces réclamations. Les stipendiaires continuèrent d'être choisis dans la première ou dans la seconde *promotion* (section) de la classe du recteur : parfois ils étaient obligés de passer quatre années dans la haute classe avant d'entrer au séminaire de Tubingue. Le 24 avril 1755, les visiteurs disent qu'il convient d'admettre les six stipendiaires à l'académie, de peur qu'ils ne tombent dans le dégoût et ne se relâchent. Quatre années de philosophie agrémentée de rhétorique, c'est un peu long, en effet : je me demande ce que le recteur pouvait enseigner pendant la dernière année. En 1757, les visiteurs constatent que la première promotion du recteur compte sept élèves, dont quatre, destinés à l'étude du droit, sont sur le point de se rendre à l'université de Strasbourg ; les trois autres, voués à l'étude de la théologie, demandent à être reçus au séminaire de Tubingue, et les visiteurs sont d'avis qu'on peut satisfaire à leur demande. Plusieurs fois les visiteurs firent cette remarque, qu'il fallait en faire passer au séminaire : les bourses continuaient d'être fort recherchées et les parents attendaient avec impatience qu'il y eût des vacances parmi les boursiers (1). Bien entendu,

(1) Un *stipendiaire* touchait 14 livres 8 sols et 16 quartes de blé, un *expectant* 8 quartes et 4 livres 16 sols. (Voir à l'*Introduction*.)

les notes du recteur comptaient pour beaucoup, mais depuis 1730 ce n'était pas seulement d'après ces notes qu'on faisait les choix. Le gouvernement tenait compte des places du candidat, de la situation des parents; et à l'occasion de leurs services (1).

Jusqu'à 1756 il y avait six stipendiaires et quatre expectants; mais un rescrit du duc de Wurtemberg décida qu'il y aurait seulement quatre stipendiaires et deux expectants à l'avenir, « ce que le peuple ne comprit qu'avec peine » selon le témoignage des visiteurs. En effet, bien des parents, qui étaient marchands, fonctionnaires du prince ou pasteurs,

(1) En 1724 le recteur Duvernoy fournissait les notes suivantes :
Discipuli superioris scholæ Montbelgardensis ad stipendium serenissimi adspirantes, prout sedebant postremo examine die 10 decembris 1723 habito.

Rigoulot : tardiusculum ei est ingenium, at memoria fidelis, mores boni ;

J. G. Hillmann : ingenium ei bonum, diligentia laudanda, mores modesti ;

J. J. Duvernoy : huic egregium est acumen, mores verecundi ;

L. F. Leconte : sat bonæ est indolis, sed diligentia requiritur, mores non pravi.

P. G. Morel : ingenium modicum, cupit non capit, mores sunt boni ;

L. E. Berdot : optimæ spei puer, memoriâ pollens, docilis moribus ;

P. J. Maire : Bonus ingenio, sedulus in studiis, sedatus in moribus ;

J. N. Cuvier : mente sagax et discendi percupidus, moribus obsequiosus ;

C. H. Goguel : non desunt illi dotes, sed opus diligentia ; mores sunt pueriles.

Ceterum ex dominorum scholarcharum arbitrio pendebit finalis locatio. Horum jussu dabam Montbelgard, 9 februarii 1724. J. F. Duvernoy, scholæ rector.

(J'ai omis de citer le nom du père, l'âge et le rang de l'élève dans la classe : tout cela est dans la pièce originale. *Archives du Doubs*).

comptaient obtenir des bourses pour leurs enfants : mais le prince avait restreint le nombre des stipends parce qu'il n'y avait que peu de places vacantes à donner aux stipendiaires quand leurs études se trouvaient terminées. De 1764 à 1767, on ne voit point d'expectants : il y a donc toujours eu surabondance de candidats aux fonctions publiques.

En 1774, il fut établi qu'un certificat des maîtres et des visiteurs constaterait le mérite du candidat : les visiteurs faisaient même faire un *thème exploratoire*, qui était choisi par le recteur. On tenait compte de la facilité ou difficulté d'élocution et de prononciation, attendu qu'il s'agissait de futurs pasteurs. Le recteur devait faire un rapport sur tous les candidats. Comme il n'y avait plus de places vacantes, aucun stipend ne fut délivré pendant deux années. Ce fut le seul changement dans cette organisation jusqu'à 1793 (1) . . . .

Je crois opportun de parler ici de ces *Visiteurs des Écoles*, de leurs fonctions et du rôle qu'ils jouèrent dans ce siècle.

La direction supérieure de l'enseignement resta confiée aux membres du Conseil de régence, et au

---

(1) Je ne crois pas nécessaire de donner ici la liste complète des stipendiaires depuis 1585 : elle se trouve dans la collection Duvernoy ; M. Mossmann, de Colmar, m'a signalé une liste analogue qui est à Colmar, dans les mss. Chauffour, fonds Billing. Je citerai seulement dans un chapitre subséquent les plus distingués des élèves du gymnase, et parmi eux je remarquerai beaucoup de stipendiaires.

Il y avait des stipends exceptionnels. Le 22 août 1771 on accorde à Ch. Fréd. Dunnebier 15 livres sur la recette des églises, 15 sur la boîte des pauvres, « pour se perfectionner dans l'arithmétique et la musique. » Ce n'est pas un fait isolé.

Surintendant des églises, à l'exclusion des *Neuf-Bourgeois* du conseil de ville, qui restèrent tenus à l'écart. Le Conseil de régence avait la haute main sur l'instruction religieuse, et depuis fort longtemps. Ainsi, le 30 octobre 1632, le surintendant Zenger ordonnait aux recteurs des écoles de se conformer à l'ordonnance et de conduire régulièrement les écoliers à l'église. « Les maistres, dit-il, ne sont pas seullement requis d'instituer les enffans et jeunesse aux lettres et sciences humaines, mais généralement à ce qui est de la piété, crainte de Dieu et instruction de sa parole, et lon est adverti que telle chose ne se pratique point, de l'obmission de quoy lon remarque des grands deffaulx en ladite jeunesse quand il est question de l'interroger sur aucuns points de lad. religion chrestienne. » (1). Plus de cent ans après, en 1753, le conseil donne un plan d'études pour les écoles françaises et veut que les leçons de religion soient données mieux que précédemment, « afin que la jeunesse soit plus respectueuse et plus docile. »

Sans doute les conseillers laissaient le surintendant ecclésiastique diriger souverainement l'instruction religieuse. J'ai dit que les conseillers avaient une influence assez grande sur la nomination des maîtres par le souverain. En outre, ils vérifiaient les programmes d'enseignement, ils approuvaient les livres classiques employés ou proposés : par exemple, en 1753, ils ordonnaient au recteur d'introduire dans sa classe la nouvelle logique du Wirtemberg, et de renvoyer les exemplaires de l'ancienne : la perte qu'il souffrirait à cet égard devrait lui être « bonifiée » par la Recette ecclésiastique.

---

(1) *Archives du Doubs*, E. 84 et *Coll. Duvernoy.*

Les conseillers de régence donnaient leurs avis au prince sur l'organisation des stipends, réglaient les examens que subissaient les stipendiaires, et en fixaient parfois le nombre. Leur autorité en matière pédagogique allait jusqu'à régler même le passage des élèves dans une classe supérieure : le 19 mai 1753, les conseillers font passer les six premiers écoliers de la classe inférieure dans celle qui la suit, et blâment en particulier les précepteurs des écoles françaises, dont les élèves sont peu instruits pour passer au gymnase ; le 2 janvier 1756, ils font même rétrograder les enfants de feu le docteur Leconte et du substitut Duvernoy, que le maître de la classe inférieure avait admis sans autorisation (1). C'est pousser un peu loin le formalisme : car le recteur devait être compétent dans de pareilles circonstances. Le 12 mai 1762, le conseil autorise le surintendant à faire passer les cinq premiers de l'école du corecteur Morel dans celle du recteur, les huit premiers du sous-corecteur Morlot dans celle du corecteur, et à faire entrer au gymnase les plus capables des élèves des écoles françaises.

Les questions relatives à la discipline étaient réglées par le Conseil de régence : en 1772 deux conseillers font un rapport à Son Altesse Sérénissime sur l'enseignement et la discipline dans les écoles, et rédigent, après avoir pris l'avis des maîtres, de nouveaux règlements ; c'est encore le conseil qui fixe le nombre des visites à faire dans les classes chaque année, et ordonne des visites extraordinaires ; enfin, c'est lui qui statue sur les vacances et les prix qu'on doit accorder.

(1) *Archives du Doubs*, E.

Si le Conseil de régence peut s'occuper de toutes ces questions relatives à l'enseignement, c'est qu'il reçoit d'une façon régulière des rapports très détaillés sur les écoles. L'inspection et la surveillance sont en effet réservées aux *visiteurs*. Ceux-ci sont les ministres de la ville avec leurs diacres en temps ordinaire pour les petites écoles, et le surintendant ecclésiastique assisté de deux membres du Conseil de régence, ou très rarement de quelques ministres, pour l'école latine ou gymnase. Les visites se faisaient chaque année à la saint Georges et à la saint Martin (1). Les visiteurs ou *visitateurs* s'occupaient de la discipline, de l'éducation et des mœurs des écoliers, de la division des classes en sections appelées *promotions*; ils donnaient leur avis au Conseil de régence sur le passage des élèves dans une classe supérieure : ainsi, en 1745, ils recommandent de fondre les deux dernières promotions de la seconde classe en une seule, pour exciter l'émulation, et veulent qu'un élève de la troisième classe passe dans la seconde; en 1746, ils disent que six sujets pourront être promus de la classe du corecteur à celle du recteur; ils seront remplacés par les six premiers du sous-corecteur, et celui-ci en recevra pareil nombre des écoles françaises. En 1750, c'est sur le rapport des visiteurs que le Conseil fait retourner à la troisième classe les élèves qui ont passé dans la seconde de leur propre mouvement (2).

(1) Le maître présentait une liste d'élèves, écrite en latin : Factos a se a divi Georgii festivitate in humanioribus progressus spectatissimo visitatorum ordini die 20 Novembris 1758 conspiciendos dare conabuntur infrascripti Rectoris Gymnasii Montisbelgardensis discipuli... Promotus prior : Ernestus Wilhelmus De Drach, eques hassiacus, etc., etc....

(2) « Les visiteurs, dit l'ordonnance ecclésiastique (page 184) se

Les visiteurs reconnaissent sommairement la valeur du recteur et des autres maîtres, louent parfois leurs qualités, ou admettent que tel précepteur a perfectionné sa manière d'enseigner; ils jugent des méthodes, de la force des écoliers de chaque classe et de chaque promotion, de leurs progrès ou de leur faiblesse; ils apprécient l'explication des auteurs, qui se fait devant eux, la valeur des devoirs qui sont mis sous leurs yeux; ils jugent aussi les compositions, les places données par le maître, ce dont le noble conseil est quelquefois obligé de s'occuper lui-même après les rapports qui lui sont faits. Les visiteurs assistent régulièrement aux examens écrits et oraux que les maîtres font subir aux candidats stipendiaires, et à ces boursiers lorsqu'ils veulent passer au séminaire de Tubingue. Peut-être pouvaient-ils favoriser certains jeunes gens : en 1748, ils constatent que le fils du médecin Berdot s'est troublé pour faire son thème; mais qu'il va de pair avec ses *compromotionnaux*. Plusieurs fois, ce sont les visitateurs eux-mêmes qui dictent un *thème exploratoire* pour apprécier la force des élèves. A chaque visite, on remet aux inspecteurs la liste des écoliers, avec leurs noms, prénoms, lieux de naissance, parfois leur âge; ces listes sont transmises

donneront garde quel avancement les enfants auront faict, et mettront peine que les suffisans soyent par les maistres mis ès classes hautes en son temps... Là se donneront diligemment garde, que le maistre de faict a pensée et par quelque affection ne retienne d'avanture quelques-uns ès basses classes trop longtemps, ou avec le dommage de leur estude ; et derechef que ceux des basses classes par quelque amour désordonné ne soyent avancez ès hautes, devant qu'ils en soyent capables. » — Voir: *Archives du Doubs*, E, 89, 90, 91, 92. C'est l'*Ordonnance* de 1724 qui a réglé les deux visites solennelles chaque année, réglé le passage dans une classe supérieure, donné aux visiteurs un pouvoir bien défini.

par les visiteurs au Conseil, avec les notes sur la discipline, la force des élèves, les auteurs expliqués, et des appréciations ou des vœux de diverse nature. Les régents et le recteur signent le procès-verbal avec les visiteurs. Des notes y sont jointes sur toutes les petites écoles de la ville.

Les maîtres et les élèves, loin d'être abandonnés à eux-mêmes, étaient donc tenus en haleine par des visites et des examens ; l'enseignement était apprécié d'une façon régulière par des hommes instruits et compétents, dont les attributions étaient celles des inspecteurs d'académie et des inspecteurs généraux de l'Université actuelle. Ces inspections ne remédiaient pas de suite à la faiblesse des études lorsque la direction du collège était mauvaise ; mais elles permettaient de signaler chaque année les réformes à faire et les abus à éviter. Quant aux contestations de la part des maîtres ainsi jugés, elles étaient assez rares.

Les habitants de Montbéliard, et les visiteurs eux-mêmes, devaient, ce semble, être satisfaits de la réforme des programmes et des règles posées pour l'obtention des bourses. Mais on voyait avec regret le nombre des maîtres réduit à deux, en dépit de l'ordonnance, avec 33 élèves en 1728.

Les ministres et les visitateurs réclamaient des maîtres élémentaires sachant le latin, ce qui était assez rare, et un théologien spécialement chargé d'enseigner la religion, d'assister même au besoin dans leurs fonctions ministérielles les trois ministres de la ville, tous trois alors d'un âge avancé. Les visiteurs et les conseillers constataient que l'école latine (ou gymnase) était bien différente des gymnases d'Allemagne : peu d'écoliers étaient capables de composer en latin sans fautes, loin de pouvoir entendre des précepteurs qui n'auraient voulu leur parler que latin, selon la règle du XVI° siècle. Au contraire, les maîtres étaient souvent forcés de se servir du patois du pays « pour inculquer ce qu'on voulait leur faire comprendre. » Vingt ans auparavant, l'introduction de précepteurs allemands avait fait tomber les classes latines, qui ne s'étaient pas encore relevées de leur abaissement, malgré l'Ordonnance de 1724. Le recteur J.-F. Duvernoy, sans être très âgé (il avait soixante ans) était faible de complexion et avait perdu l'habitude de prêcher, tandis qu'autrefois le recteur prêchait toutes les semaines à l'église française. Les conseillers proposaient à sa place le corecteur Bonzen, en fonctions depuis trois ans. Mais un rescrit du duc de Wurtemberg, daté du 27 mai 1729, nomma recteur un étranger, David-Frédéric Megerlin. Né le 31 mai 1699, celui-ci était âgé de trente ans; il avait étudié avec succès la théologie et les langues orientales à l'université de Tubingue, de 1716 à 1719; maître ès-arts dès 1718, c'est-à-dire pourvu d'un titre correspondant au baccalauréat de nos jours, il était répétiteur à Tubingue en 1725; puis il exerça les fonctions de professeur ou gymnase de Maulbronn. Il s'était fait remarquer par un ouvrage: *De scriptis et collegiis orientalibus; item observationes critico-theologicœ* (Tubingue, 1729) et par une suite intitulée : *Hexas orientalium collegiorum philologicorum* (1). Le prince de Wurtemberg, protecteur de cet érudit, ordonna que la recette ecclésiastique lui payât, outre le traitement ancien, 96 quartes de froment, 96 d'avoine et 26 livres 4 sols en argent; or, le traitement de Jules Duvernoy était

(1) Biogr. Didot.

seulement de 150 quartes de froment, 144 d'avoine, 76 livres 16 sols en argent (non compris la rétribution scolaire d'un batze par trimestre et par élève (1). Megerlin fut en outre nommé ministre de l'église allemande, qui avait peu de fidèles et ne lui demandait donc pas beaucoup de soins.

Sa faveur dut exciter l'envie, surtout quand il épousa, en mars 1730, la riche Marguerite-Catherine Nardin, veuve de l'avocat Jean-Abram Scharffenstein (2). Bientôt les conseillers lui marquèrent leur antipathie en qualifiant de peu praticables et de superflues les propositions faites par lui pour le relèvement des études. Il fallait avant tout réparer la maison d'école qui menaçait ruine (juillet 1730). Le Conseil de régence proposa au duc Eberhard-Louis de vendre à la recette ecclésiastique la *Souaberie* ou *Schwabhof,* ferme-modèle construite en 1594 par le comte Frédéric pour des bouviers de Souabe. La cession de ce bâtiment à la Recette des églises se fit le 6 août 1731 par un rescrit du prince. Il fallut faire d'assez longs travaux d'aménagement dans cette ferme afin de l'approprier à sa nouvelle destination : plus de 3000 livres furent dépensées, mais le prince accorda une somme convenable pour subvenir aux frais de cette entreprise, au moyen d'une collecte recueillie dans les églises du Wurtemberg. C'est ainsi qu'une dépense d'environ 4000 livres fut épargnée à la Recette ecclésiastique (3). La nouvelle école (aujourd'hui collège Cuvier) prit le nom de Gymnase, et fut solennellement inaugurée le 18 septembre 1733, jour de naissance du duc Eberhard-

---

(1) Le batz de Montbéliard valait deux livres tournois.
(2) Coll. Duvernoy, Biogr. Didot., Arch. du Doubs, E, 85.
(3) Archives du Doubs, E, 93.

Louis. La fête commença par une prière en français, que récita l'ancien recteur Jules-Frédéric Duvernoy; Megerlin fit un discours latin sur les soins que prennent les princes chrétiens d'amener à la perfection l'âme de leurs sujets, en donnant à leur esprit la vérité, à leur caractère les vertus, par le moyen des écoles et des églises; il termina par des vers allemands à la gloire des princes du Wurtemberg et d'Eberhard-Louis. Le corecteur Bonzen adressa des actions de grâces à son souverain, et parla de la nécessité des écoles à toutes les époques.

Le 21 septembre, à une heure de l'après-midi, les élèves eux-mêmes célébrèrent l'ouverture du Gymnase et le jour de naissance du prince par des discours et des *disputes* d'une assez grande variété, dont ils trouvaient la matière dans les études mêmes qu'ils faisaient. Leurs exercices furent des vers latins, des discours français, latins, grecs et hébreux, à la louange du prince, et rappelant comme ceux des maîtres l'ancienneté de l'école latine, le caractère des plus célèbres écoles de l'antiquité, l'utilité de la science. Quinze élèves se firent successivement entendre. Les assistants devaient être plus fatigués que satisfaits. Un hymne en langue allemande termina cette journée : il avait pour titre: *Comment ne chanterais-je point mon Dieu ?* (1)

Megerlin se complaisait à ces longues cérémonies, qui lui permettaient de faire briller ses meilleurs élèves en présence même de leurs parents : en une pareille occasion il était un peu excusable.

Il y avait trois maîtres dans ce nouveau gymnase: le *recteur* ou *gymnasiarque*, directeur de l'établissement et chargé des cours supérieurs: c'était

---

(1) Document de la coll. Wetzel, à la Bibl. de la ville.

Megerlin ; le *corecteur*, qui était Léopold-Eberhard Bonsen, pasteur comme Megerlin ; et le *sous-corecteur*, Herman Bonsen père.

Cependant le recteur Megerlin, malgré sa capacité connue, dirigeait assez médiocrement son école. Les visitateurs constatent qu'il n'oblige pas les élèves de sa classe à apprendre par cœur, ou du moins ne fait pas réciter régulièrement les leçons selon l'ancienne coutume. Il ne peut se mettre à la portée des élèves, à leur avis, parce qu'il n'est pas assez familier avec la langue française, ce qui ne lui permet point non plus de bien enseigner la doctrine religieuse ; ne voulant pas s'astreindre aux heures ordinaires et aux leçons prescrites, il n'inspire pas assez de respect à ses dix-neuf élèves : « la plupart se licencient à des pétulances et irrégularités à quoi il paroit incapable de remédier sans le secours des visitateurs. » Au contraire, les trente-deux élèves de Léopold-Eberhard Bonsen faisaient des progrès, parce que leur maitre se montrait diligent et assidu. Depuis 1731, Herman Bonsen, père de ce dernier, chantre à l'église du château et précepteur de la petite école allemande, qui comptait peu d'écoliers, était le troisième maitre de l'école latine et s'acquittait de ses fonctions d'une manière suffisante.

Les livres classiques usités étaient, dans la classe du recteur : les *Tristes* d'Ovides (jusqu'à 1751, ouvrage remplacé ensuite par le *De officiis*, puis les *Orationes selectæ* de Cicéron, puis le *De officiis* de nouveau en 1771, les *Orationes selectæ* en 1774 et les Épitres de Cicéron, de 1776 à 1794) ; César (pendant quelque temps, Cornelius Nepos de 1728 à 1771, puis de 1786 à 1795, auteur peu difficile pour cette classe) ; Quinte-Curce, (de 1728 à 1771 ; Salluste, de

1728 à 1771, puis Tite-Live, de 1771 à 1786, puis de nouveau Salluste); les *Géorgiques* de Virgile étaient expliquées de 1752 à 1771; les *Bucoliques*, de 1730 à 1752, de 1771 à 1794; on étudiait les Epîtres d'Horace de 1728 à 1786; puis ses Odes choisies; le *Selectæ* de Heuzet (1) (ouvrage pour les classes inférieures) fut introduit en 1774 et resta employé; quant aux auteurs grecs, c'étaient le Nouveau Testament de 1728 à 1757, puis les Epîtres dominicales de 1757 à 1793; les Discours de Saint-Jean-Chrysostome (1728), puis l'histoire d'Eutrope (1786); le *Compendium* ou Manuel de Leusden (2) (de 1728 à 1762, de 1771 à 1793) ou le *Manuale græcum* de Pasor (3), (de 1763 à 1771); la Cyropédie de Xénophon (avant 1771, et jusqu'à 1786) les Caractères de Théophraste (de 1774 à 1786); la grammaire grecque de Weller (4) était étudiée dans cette classe en 1786; pour l'hébreu, on avait la grammaire de Schickard (5) jusqu'à 1786, puis la *Janua linguæ hebraicæ* de Reineccius (6), avec la Bible hé-

---

(1) Heuzet (1660-1721), professeur au collège de Beauvais.

(2) Jean Leusden, d'Utrecht (1624-1699), professeur d'hébreu à l'université d'Utrecht, publia un *Philologus hebraeus*, un *Compendium biblicum*, un *Compendium græcum Novi Testamenti*.

(3) Georges Pasor (1570-1637) professa l'hébreu à Herborn, puis le grec à Francker. On lui doit: *Etyma nominum propriorum* (1626); *Lexicon græco-latinum in Novum Testamentum* (1622) plusieurs fois réédité; *Manuale græcarum vocum novi Testamenti* (1636); *Syllabus græco-latinum omnium N. Testamenti vocum*.

(4) Jacques Weller (1602-1664), professeur de langues orientales à Meissen, a publié une *Grammaire grecque*, plusieurs fois rééditée.

(5) Guillaume Schickard (1592-1635), fils de l'architecte qui bâtit le temple Saint-Martin, professa l'hébreu à Tubingue. Il a publié: *Methodus linguæ sanctæ* (1614); *Horologium Schickardi*, grammaire hébraïque, etc.

(6) Reineck on Reineccius (Christian) enseigna les lettres et la philosophie à Leipzig. On a de lui: *Janua hebroca linguae veteris*

braïque à l'usage des futurs pasteurs qui avaient moins besoin du grec que de l'hébreu. La logique de Schellenbauer (1) est remplacée par celle de Layritz en 1753; la Rhétorique de Caldenbach (2) par celle de P. Lamy en 1772 (3); les *Définitions philosophiques* de Baumeister (4) sont en usage depuis 1758; pour le droit les élèves ont Puffendorf (1770) (5), puis Roesler (6), puis Burlamaqui (1774) (7); le maître fait un cours d'antiquités romaines d'après Nieuport (1771) (8); pour la religion, ce sont le Grand Catéchisme et la Bible d'Ostervald (9) qui restent toujours en usage.

Testamenti (1704); *Biblia sacra quadrilingua Novi Testamenti* (1713), etc...

(1) C'était la logique en usage dans les gymnases de Wurtemberg; celle de Layritz la détrôna.

(2) Caldenbach ou plutôt Kaltenbach (1613-1698) a publié : *Analysis et nota in Horatium; Collegium epistolicum, oratorium, analyticum, poeticum, mixtum, in Ciceronem, Ovidium et alios; Compendium rhetorices pro scholis Wurtembergicis*, etc...

(3) Le P. Bernard Lamy, oratorien (1640-1715) a laissé une *Rhétorique* (publiée en 1741), un *Art de parler*, des *Eléments de mathématiques*, etc.

(4) Recteur du gymnase de Gœrlitz, et disciple de Wolf, il a publié : *Philosophia definita* (1735); *Institutiones philosophiæ rationalis* (1736); *Institutiones metaphysicæ* (1738); *Elementa philosophiæ recentioris* (1747).

(5) Samuel Puffendorf, un des fondateurs du droit public, a donné : *Eléments de jurisprudence* (1660), *Traité du droit de la nature et des gens* (1672), etc. (traduit par Barbeyrac, Bâle, Thurneisen, 1732).

(6) Professeur de droit à Tubingue avant 1720.

(7) Profess. de droit à Genève, auteur de: *Principes du droit naturel* (1747); *Principes du droit de la nature et des gens* (1768); *Eléments de droit naturel* (1773).

(8) Professeur à Utrecht, mort vers 1733, a publié : *Rituum qui olim apud Romanos obtinuerunt succincta explicatio* (1712).

(9) Jean-Fréd. Ostervald (1663-1747). Sa traduction est de 1721.

La seconde classe n'avait plus les Dialogues de Mathurin Cordier, ni les Colloques d'Erasme, mais les *Dialogues sacrés* de Castellion (1) (de 1728 à 1763, de 1786 à 1794); le vocabulaire de Cellarius (de 1728 à 1724); *Latium in compendio* de Weiss (en 1786) (2); l'*Orbis pictus Comenii* (en 1779); les auteurs étaient Cornelius Nepos (1728-1786), les Tristes d'Ovide (1728-1752; 1771-1786), Phèdre (1774-1786), Térence (1774-1786), Tite-Live (1771-1774), Virgile (1771-1774), César (1774-1786); pour le grec les élèves avaient la *Janua linguarum reserata* de Commenius (1779-1786), puis le *Compendium* de Leusden (1786-1794), la grammaire grecque de Crusius (3), revue par Bregius (1724-1765), puis celle de Weller (1765-1774), puis celle de Port-Royal (1774-1786) et de nouveau celle de Weller (1786-1794), avec le *Manuale græcum* de Pasor (1786-1793); on expliquait en grec le *Nouveau Testament* (1774) et plus tard les *Epîtres dominicales* (1786). Le maître enseignait la prosodie, l'arithmétique, le catéchisme, les Sonnets de Drelincourt (4). Dans la troisième classe, les livres français étaient

(1) Castellion, l'apôtre de la tolérance au XVI° siècle (1515-1563), professeur à Genève et à Bâle, auteur de: *Dialogorum sacrorum libri IV* (1540). M. F. Buisson a publié récemment un travail de haute valeur: *Seb. Castellion*, 2 vol. in-8°. Paris, Hachette, 1892.

(2) Cellarius (1638-1707), illustre philologue, a publié une Grammaire latine, un *Breviarium antiquitatum romanarum*, une *Notitia orbis antiqui*. Weiss ou Weise (1642-1708) introduisit le premier la langue allemande dans les collèges.

(3) Martin Crusius (1525-1607) a fait une grammaire grecque longtemps en usage dans les écoles, etc.

(4) Laurent Drelincourt, pasteur à la Rochelle, a publié les *Sonnets chrétiens* (Genève, 1670, in-8°) qui ont été souvent réimprimés.

le Petit Catéchisme, le *Livret des Communiants*, l'Ecriture sainte, les Sonnets de Drelincourt (1728-1776); les Fables de La Fontaine (vers 1770-1786); la Bible de Royaumont (1774-1786); comme livre de lecture, les *Magasins* de Mme de Beaumont (1774) (1); la Grammaire de Wailly ne fut introduite qu'en 1786 (2). Les auteurs latins étaient: les *Colloques* de Lang (1728) ou de Mathurin Cordier (avant 1771), ceux de Castellion (1774), puis *Lectiones ex colloquiis Langii, Castalionis et fabulis* (1775), l'*Orbis pictus Commenii* (1728-1773), Cellarius (1774), puis de nouveau l'*Orbis pictus Commenii*, les fables de Phèdre (1774); la Grammaire latine de Jules-Frédéric Duvernoy (1730 à 1787), puis celle de Surleau.

On pourra me reprocher cette longue et sèche énumération : elle n'est écrite que pour les personnes qui s'occupent de pédagogie et ne négligent par conséquent aucun des plus arides détails relatifs à l'instruction publique. Les pédagogues pourront aussi faire ces remarques : premièrement, que les auteurs choisis étaient gardés bien plus longtemps que dans notre siècle ; secondement, que les auteurs latins étaient de force trop différente pour les élèves d'une même classe, ou encore conservés à tort dans deux classes. Je dois dire, il est vrai, qu'un auteur n'était pas toujours commun à tous les élèves d'une classe lorsque celle-ci comptait deux ou trois *promotions*. Ainsi, la première *promotion* ou division de la classe du recteur pouvait avoir entre les mains Horace, tandis que la seconde expli-

---

(1) Mme Leprince de Beaumont (1711-1780) a publié ses *Magasins* de 1755 à 1760.

(2) La Grammaire de M. de Wailly (1724-1801) publiée en 1754, détrôna celle de Restaut.

quait Salluste ou Cornelius Nepos. Tels qu'ils étaient, ces auteurs classiques paraissent généralement bien choisis : les visiteurs et les maîtres étaient alors parfaitement au courant du mouvement pédagogique en Allemagne et en France, comme le prouve le choix d'ouvrages français nouveaux après 1770 tout au moins, tels que le *Selectæ* de Heuzet, la Rhétorique du P. Lamy, Burlamaqui, la Grammaire française de Noël-François de Wailly. Tels furent les féconds résultats de l'impulsion donnée par l'ordonnance de 1724 et la création du Gymnase en 1731.

De cette époque date encore une réforme importante et définitive : la *séparation des écoles françaises d'avec l'école latine de Montbéliard*. Qu'on me permette ici une digression à ce sujet.

Le recteur Megerlin avait sous ses ordres le corecteur et le sous-corecteur. Mais les maîtres des deux écoles françaises et tous les autres maîtres des petites écoles étaient indépendants de son autorité (1).

MM. Tuefferd ont fait une erreur légère en admettant qu'il y avait cinq régents au gymnase, ce qui impliquerait que l'école française y ait été annexée. Sans doute le Supplément à l'ordonnance ecclésiastique divise les écoles en cinq classes au lieu de quatre : la plus basse est confiée au maître d'école français ; la seconde et la troisième sont dirigées par le corecteur ; la quatrième et la cinquième par le recteur. Mais cette organisation a été bientôt modifiée par la création d'une chaire pour un troisième

---

(1) Voir la savante étude de M. le pasteur Roy sur les Ecoles françaises de Montbéliard, dans le *Bulletin de la Société de l'hist. du protestantisme français*.

régent nommé sous-corecteur (1731). L'école française pour les garçons avait existé dans le même local que l'école latine jusqu'en 1594. Au XVII° siècle, en 1655, la Recette ecclésiastique fit démolir une maison qu'elle avait achetée sur la place Saint-Martin, et bâtir à sa place une spacieuse maison d'école, qui lui coûta 2150 francs (1). Au XVI° siècle, cette école ne comprend qu'une classe ; depuis 1580 elle en comprend deux ; au XVIII° siècle, lors de la création du nouveau gymnase, rien n'est changé dans l'Ecole française ; mais plusieurs petites écoles se créent dans la ville et lui font concurrence.

Les maîtres de l'école française, d'abord laïque, furent depuis 1753 des candidats au ministère ou des théologiens, qui recevaient chacun 116 francs et 60 quartes de froment par année ; le traitement des maîtres du gymnase, également théologiens, n'était pas le même. Le recteur recevait 100 francs, 168 quartes de froment, du poids de 40 livres chacune, 144 d'avoine du poids de 32 livres ; le corecteur et le sous-corecteur touchaient chacun 100 francs, avec 144 quartes de froment et 144 d'avoine ; et ils étaient logés gratuitement au gymnase ainsi que le recteur (2). Les maîtres des écoles françaises étaient logés dans leur école.

Leur établissement, d'où sortaient la plupart des élèves du recteur, n'était pas à proprement parler destinée uniquement à fournir des élèves à la classe inférieure du Gymnase : il s'ouvrait à tous les enfants de la ville, et était donc indépendant de celui

(1) Archives de Montbéliard.
(2) Comptes de la recette ecclésiastique. En 1704 L.-F. Quaislot touchait 2 bichots et 24 fr. ; en 1729 3 bichots de froment (ou 72 quartes à 40 sols chacune) et 15 livres. Fayot avait 20 bichots (48 quartes et 20 francs (16 livres). *Arch. du Doubs*, E. 87.

du recteur. On pouvait entrer dans le gymnase sans avoir passé par les écoles françaises. De temps en temps les visitateurs recevaient les plaintes des régents, qui constataient la faiblesse des élèves nouveaux : mais ces plaintes concernaient parfois toutes les petites écoles de la ville. Il est vrai que l'école française, appelée *Ecole modèle* (nom donné récemment à une école normale primaire) gardait son caractère officiel. Mais il ne faut pas ajouter ses deux classes aux trois que comptait le gymnase, et qui se divisaient en plusieurs sections : en raisonnant ainsi on ajouterait au gymnase plusieurs autres écoles qui existaient au XVIII° siècle. Voici la liste des écoles officielles :

Première classe française, de Quaislot (vers 1687, mort en 1729); puis Jean-Guyon Fayot (1729) (1); Arnaud, diacre (1750); Meyer, candidat (1753); J.-G. Lalance (1754); F.-N. Kilg (1757); P.-C. Morlot (1758); Ulric Ducommun (1758); J.-J. Thiébaud (1759); J.-P. Morel (1769); S.-F. Chatel (1769); P.-C. Duvernoy (1773); — cinquante élèves en 1787.

Deuxième classe française, de Jean-Claude Sarrasin (1700); puis Masson (1702); G. Fayot (1724); Receveur (1729); Prévost (1748); J.-F Colomb (1750); D.-N. Kilg, diacre (1753); P.-C. Morlot (1757); Ulric Ducommun (1758); J.-J. Thiébaud (1758); David Duvernoy (1760); G.-F. Goguel, candidat (1762); P.-C. Morel (1769); Ferrand (1778); J.-J. Paur (1778); G. Parrot (1779); Piguet (1780); J.-F. Parrot (1782); J.-C. Ponnier (1783); G.-D. Boissard (1786); Fallot

---

(1) Fayot reçoit alors 45 livres, 72 quartes de froment, plus ses émoluments, comme chantre aux mariages et enterrements. Le second maître touche 20 livres et 60 quartes. Chatel recevait en 1769 102 quartes de blé, 72 d'avoine, 100 livres en argent.

(1788). Le second maitre touchait 6 quartes de froment et 110 livres en 1778. L'école avait 49 élèves en 1787. (1)

Troisième école française (nouvellement créée, à titre provisoire), de J.-F.-C. Scharffenstein, procureur (1755-1772) : le maitre recevait 150 livres, 48 quartes de blé : il était procureur, notaire et organiste à Saint-Martin.

Depuis 1680 il n'y avait qu'une école de filles, régie par un règlement de 1612 : Marie-Catherine Pelletier, femme de Pierre Duvernoy, chantre au faubourg, la dirigea de 1749 à 1782, et après elle Mme Despoutot (1). L'école des orphelins de l'hôpital, nouvellement créée, fut dirigée par C. Certier (1763), puis Th. Lavie (1771). L'école des filles de la Croix-d'Or fut fondée en 1786. L'école des pauvres fut créée en 1714 par le magistrat : le maitre était payé des revenus de l'hôpital et de quelques fondations pieuses. Les maitres étaient en 1724 Choffin, en 1745 Jérémie Laurillard. C'était une école mixte. En 1758, on adjoint à Laurillard Elisabeth Grosrenaud, femme G. Minal, et Elisabeth Dessert, pensionnaire de l'hôpital. D.-N. Horry succède à Laurillard en 1769.

Les écoles *autorisées* furent : celle de Jean-Nicolas François (de 1745 à 1748); celle d'Anne-Françoise Bouthenot, veuve Titot (de 1745 à 1776 ?) l'école allemande (mixte) de Georges-Frederich Blech (1748), puis de Haag (1753-1782), de Joseph Monnier (1784); celle de G.-J. Leconte (aussi mixte, 1761-1776),

---

(1) Dans le bâtiment de l'Ecole française : on voyait sur ce bâtiment cette inscription, datant du duc Georges :

Au nom de l'Éternel je m'appelle l'Eschole. 1668.

En 1787 les deux écoles de filles comptaient 38 et 40 élèves.

celle de Larcher (1774), celle de F.-C. Pechin, calligraphe (1776), celle de J.-C. Veyland (1776) et N.-N. Dorian, sa femme (1782, école mixte); celle de J.-M. Lecomte, femme J.-F. Vérenet (1782), celle de Laurillard et d'Elisabeth Sircoulomb, sa femme (école mixte, 1786); l'école des filles de Mme Masson (1791), l'école de garçons d'Etevenard (1793). Une telle énumération justifie cette appréciation de M. Luc Wetzel : « L'instruction primaire, dit-il, était répandue plus généralement peut-être et surtout plus également qu'aujourd'hui dans la population tout entière ; mais l'instruction s'arrêtait toujours là, sauf pour les hommes qui embrassaient des carrières libérales. Il est évident que cette égalité d'instruction, qui produisait l'uniformité de mœurs et d'habitudes, est la cause qui a conservé si longtemps, dans la bourgeoisie de Montbéliard, l'égalité civile, et assuré le jeu facile de nos institutions politiques. » (1)

Disons aussi que le Conseil de régence voyait d'un mauvais œil la création d'un trop grand nombre de petites écoles, qui ne se remplissaient que par une certaine tolérance de la part des maîtres, ce qui plaît à la jeunesse, mais lui est préjudiciable. Le Conseil aurait voulu qu'il n'y eût d'écoles mixtes que l'école allemande et celle des pauvres (2).

Les visitateurs examinaient les candidats-maîtres, sur l'ordre des conseillers. On les faisait épeler, lire un texte français, écrire sous la dictée. Puis ils subissaient des interrogations sur le catéchisme, la

(1) Conférence faite à l'hôtel-de-ville en 1865 : communiqué libéralement par Mme veuve Wetzel.

(2) La ville, en 1758, accordait du bois d'affouage au maître d'école allemand, en indemnité des élèves pauvres qui ne lui payaient rien *(Archives,* 2225) : il avait 24 élèves en 1787.

doctrine ecclésiastique, l'histoire sainte, le chant des psaumes et l'arithmétique. Parfois des maîtres étaient si peu instruits qu'ils montraient quelque difficulté à lire et à écrire : on se demandera ce que ceux-là pouvaient enseigner.

Ce sont les conseillers qui en 1753 obtinrent que l'école française serait dirigée par deux candidats au saint ministère, qui seraient très utiles pour faire l'intérim des églises vacantes, donneraient de meilleures *leçons de religion* et deviendraient eux-mêmes d'habiles catéchistes par la pratique. Comme le candidat Meyer était coupable de quelques écarts et « très connu pour trop aimer la boisson » les conseillers lui remirent, ainsi qu'à son collègue Kilg, des instructions écrites pour lui rappeler ses devoirs.

Les classes avaient lieu l'été, de la saint Georges à la saint Martin, depuis 7 heures jusqu'à 10, et de 12 à 3 ; l'hiver, de 8 à 11, et de 12 à 3 ; le vendredi soir il y avait cours de religion, le samedi et le jeudi soir, vacances. La méthode, inspirée de l'ordonnance ecclésiastique, était assez bonne. Le maître faisait réciter des leçons apprises à la maison, lire des versets de l'Ecriture, dictait un thème sur l'histoire, tiré de la traduction de Hubner (1), et corrigeait en faisant épeler cette dictée. On n'apprenait à lire en latin que pendant deux heures par semaine : cet exercice était réservé aux bons élèves qui devaient entrer au gymnase ; ceux-ci avaient

---

(1) Jean Hubner (1668-1731), auteur de *Questions de géogr. ancienne et moderne* (1693), livre classique qui eut un grand nombre d'éditions, des *Tableaux généalogiques* (1708) et d'une *Géographie* (1730) que le pasteur montbéliardais Jean-Jacques Duvernoy traduisit (Bâle, 1761, 6 vol. in-8°) quand le recteur Bonsen l'eut retouchée.

encore deux heures d'histoire, de géographie et d'arithmétique. Des visites hebdomadaires étaient instituées. Les maîtres préparaient des *tabelles distribuées en rubriques* indiquant le nom, la qualité du père, l'âge, les progrès de l'enfant, son *génie*, sa mémoire, ses mœurs, sa diligence, ses absences ; et tous les trois mois les visiteurs recevaient ces tabelles.

Les visiteurs et conseillers de régence firent plus d'une fois fermer les écoles ouvertes sans autorisation, et prirent soin de faire envoyer tous les enfants aux écoles autorisées : *c'était l'instruction obligatoire* (1). Les ministres et anciens devaient veiller à leur fréquentation : en 1772, des élèves de l'école des pauvres avaient manqué 200 fois de la saint Georges à la saint Martin. Souvent la discipline et les progrès laissaient fort à désirer comme l'assiduité des enfants. (2)

Le gymnase avait un véritable monopole : en 1767 on refuse à l'Allemand Schérer la permission d'enseigner le latin. Ce monopole assurait la prospérité de l'établissement ; jamais une école rivale ne put se fonder dans la ville ; mais il n'en était pas de même pour les petites écoles françaises.

(1) En vertu de l'ordonnance de 1724.... « au plus tôt, à l'âge de six ans. »

(2) *Archives du Doubs*, E. 84, 87, 89.

Les écoles de la ville comptaient 315 élèves en 1773. En 1787, les écoles y compris le gymnase comptaient 253 garçons, 165 filles, pour une population d'environ 3,000 habitants.

CHAPITRE II

Vie d'un recteur du gymnase au XVIIIe siècle. Léopold-Eberhard Bonsen : ses premières années; sa vie privée, son testament, ses biens; le gymnase sous sa direction; rapports avec les visiteurs; nombre des élèves, discipline; rapports avec les maitres; œuvres diverses; correspondance; antipathie pour les Moraves. Vieillesse de Bonsen.

Pour faire savoir ce qu'était la position d'un recteur du gymnase, je ne trouve rien de mieux que de donner la biographie de Léopold-Eberhard Bonsen, qui fut le successeur de Megerlin. Ayant été recteur fort longtemps, Bonsen, pensant qu'un jour quelque curieux chercheur montbéliardais ferait une étude sur sa vie et ses œuvres, a laissé un volumineux dossier, méthodiquement classé par lui, et comprenant soixante-quatre pièces d'importance bien diverse (1). Ce recueil porte le titre suivant :

Cartulaire, c'est-à-dire
Recueil
de pièces fugitives dispersées
qui concernent quelques circonstances
de ma vie.

« Je connais des gens, dit-il, qui, pour relever leur mérite, n'hésitent point de répandre gratuitement, sur le compte de leurs contemporains, et sur la

(1) M. Fritz Marti, mon ancien élève, a eu l'obligeance de me communiquer ce document, conservé par Mme veuve Wetzel : je prie M. Marti d'agréer mes remerciements.

mémoire des morts même, tout le venin d'une noire
médisance. Comme je n'ai pu me garantir du poison de l'envie, que certains personnages ont conçue, très mal à propos, sur mon sujet, pendant ma
vie, il pourroit facilement arriver que cette inquiète
et basse passion pousserait, après ma mort, mes
injustes persécuteurs à secouer sur ma mémoire
quelques-uns des serpents et des vipères dont tous
les envieux et les calomniateurs ont ordinairement bonne provision ; ainsi il ne sera pas hors de
propos de conserver le présent Recueil, d'où l'on
pourra puiser des vérités de fait incontestables,
pour confondre le mensonge. » Puis vient cette
note : « Toutes sortes de pièces qui concernent tant
ma personne que les charges dont j'ai été revêtu. »
— Nous sommes prévenus ainsi qu'il s'agit d'un
caractère énergique et original, d'un homme qui a
eu des traverses et dont la vie est quelque peu intéressante à étudier.

Comme il le disait lui-même plus tard avec le
Marius de Salluste, Bonsen n'était pas d'une illustre
naissance *(non veteris prosapiæ ac multarum imaginum)*. Son père, David-Herman Bonsen ou Bontzen, tailleur d'habits, fils de Jean Bonsen, de Corbach, capitale de la principauté de Waldeck, fut
reçu bourgeois de Montbéliard le 15 juin 1698 (1).
Après avoir épousé une personne de famille honorable, Anne Masson, il se fit maître d'école, puis
devint chantre à l'église allemande du château,
attaché par conséquent à la personne du prince
Léopold-Eberhard, qui lui faisait payer un traitement fixe (2). Herman Bonsen, qui avait débuté à

(1) *Livre rouge.*
(2) Il succédait au chantre allemand Felkenauer, qui touchait
122 livres de la Recette des églises. *(Archives du Doubs,* E. 81.)

Montbéliard en 1689 comme tailleur d'habits et homme de chambre de la princesse, avait donc obtenu une petite place qui lui permit de vivre et d'élever ses enfants: Léopold-Eberhard, né le 17 août 1699, Jean-Herman, et ce David, qui publia en 1723 des stances sur l'avènement et l'entrée du duc Eberhard-Louis à Montbéliard.

David-Herman Bonsen obtint de Léopold-Eberhard et de la princesse Hedwige qu'ils présenteraient son fils ainé au saint baptême, en qualité de parrain et de marraine; il rappelait dans sa demande que depuis dix ans il était attaché à la princesse, et qu'il avait composé plusieurs chants d'église appréciés. Aussi son fils reçut-il le nom du souverain, et, ce qui valait mieux, de petits cadeaux qui se répétaient régulièrement lorsqu'il adressait des souhaits de bonne année à la princesse. Le prince eut un soin particulier de l'instruction de son filleul : il lui accorda une bourse ou stipend pour faire ses études au gymnase, puis lui donna une permission spéciale (14 juin 1718) pour suivre son cours de théologie à Strasbourg, et non à Tubingue comme c'était la coutume. Le jeune homme fit d'excellentes études, et lorsqu'il fut en présence de Jean Saltzmann, recteur de l'académie, il put lui présenter un certificat élogieux.

L'immatriculation du jeune étudiant est signée du recteur Saltzmann le 27 juin 1718 (1). Bonsen fit de solides études à l'Université. Vicaire en 1723 de Da-

---

(1) Anno recuperatæ per Christum salutis MDCCXVIII die 27 mens. Junii nomen suum apud Rectorem academiæ Argentoratensis est professus; et Reipublicæ hujus Magistratui fidem: Rectori obedientiam : Professoribus et præceptoribus observantiam: civibus humanitatem ; vitam denique totam Academiæ legibus convenien-

vid Wild, ministre de l'église française de l'hôpital de Strasbourg (1), il fut gouverneur des enfants de ce ministre; puis il quitta Strasbourg en 1726 pour devenir précepteur de l'illustrissime famille de S. Ex. Mgr. le Rhingrave de Stein-Salm. Les fils de ce dernier, Charles et Louis, furent élevés par le jeune précepteur au château de Grehviller jusqu'en 1728. Cependant Bonsen souhaitait rentrer à Montbéliard : la place du corecteur J.-J. Berdot étant devenue vacante en 1727, on la lui réserva. Bonsen accepta: son entrée en fonctions est de février 1728. Comme il fut bientôt chargé par le Conseil de régence de desservir la paroisse de Bethoncourt et Vyans (31 mai 1730), il toucha en cette qualité le *gage* d'un ministre de la campagne. Cependant le recteur Jules - Frédéric Duvernoy était malade: Bonsen faisait donc deux classes à la fois, et suffisait à cette tâche difficile, en espérant succéder au recteur dans un bref délai. Il insistait sur la nécessité de nommer un recteur, disant qu'un précepteur qui n'exerce ces fonctions que par intérim ne peut pas toujours mettre les affaires sur un bon pied: les écoliers se dégoûtent des études lorsqu'ils voient durer ce provisoire; ils deviennent pétulants et sans respect. « D'ailleurs, disait Bonsen, ils sont presque tous fort jeunes, très faibles et sauf un ou deux, il n'y en a point qui compose sans fautes. »

Il fallait un homme énergique pour remplir en

tem promisit Dn. Leopoldus Eberhardus Bonsen, Montbelgardensis.

S. Johannes Saltzmann, Med. D. et prof. P. ord. h. t. Universitatis rector manu propria.

(1) Celui-ci enseigna quelque temps le français au gymnase de Strasbourg (Strobel).

ces conditions l'office de recteur : ce fut Megerlin qui l'obtint. Si les espérances de Bonsen furent ainsi trompées, il ne montra pas moins d'ardeur et de zèle pour remplir les fonctions plus modestes de corecteur. Son père, qui était sous-corecteur dans le même gymnase depuis 1731, put sans doute le consoler de cette première déception en lui représentant qu'il était jeune et pouvait attendre une nouvelle vacance. C'était le moment où la Souaberie était aménagée pour devenir le gymnase : l'ancien bâtiment était vendu et le nouveau n'était point achevé : Bonsen eut l'autorisation de tenir sa classe dans son poêle, au rez-de-chaussée d'une maison que Son Altesse lui avait accordée pour logement gratuit, et que le Conseil de régence faisait réparer.

Un évènement inattendu vint rendre à Bonsen l'espérance d'arriver au rectorat. A l'époque de la guerre de la succession de Pologne, la France occupa Montbéliard : le 11 avril 1734, M. de la Tour entra dans la ville avec trois compagnies du régiment de Navarre (1). L'église du château fut ouverte au culte catholique le 12 avril. Le service en langue allemande dut se célébrer dans la grande ..le du bâtiment des Halles; puis dans celle du gymnase, lorsque l'intendant de Besançon en fit une salle d'audience du bailliage. Au commencement de 1735, l'intendant expulsa de la ville le surintendant Zügel et le recteur Megerlin, préposés au service de l'église allemande : ceux-ci firent leur discours d'adieu aux fidèles le 13 février (2). Dans

---

(1) *Chronique de Werner*, et *Notaux* : Bibl. de la ville et Archives de la mairie.

(2) Le 20, Megerlin remettait les clefs au corecteur Bonsen,

cette circonstance, les ministres de l'église française et le corps des Neuf-bourgeois s'adressèrent à l'intendant, M. de Vanolles, pour obtenir la permission de remplacer les deux ministres allemands renvoyés et le ministre français Duvernoy, depuis peu décédé. M. de Vanolles répondit de Besançon par une lettre assez polie : il leur promit que la liberté du culte serait accordée, ajoutant que la raison d'Etat n'avait pas permis de laisser deux ministres allemands à Montbéliard (18 février). Les ministres de l'église française présentèrent à l'intendant, par l'entremise de son subdélégué, Bonsen pour recteur, Jean-Georges Hillman pour corecteur et diacre de l'église allemande, Léopold-Georges Pelletier, second ministre français, pour premier ministre de l'église allemande (24 février 1735). Ces choix furent approuvés par l'intendant. Bonsen, avec beaucoup de dignité, refusa de faire la moindre démarche auprès d'une autorité qui n'était pas celle de son prince : le 4 août, il écrivait au surintendant Ber.iot, premier ministre de l'église française, qu'il voulait rester « dans l'inaction et la passiveté dans laquelle il s'était contenu jusqu'à présent » (1). Il se contentait de faire fonction de recteur et de corecteur à la fois. Mais, sur les remontrances des ministres et des bourgeois, l'intendant lui adressa une nomination de recteur le 26 août : son traitement fut remis sur l'ancien pied.

C'est peu auparavant que la bibliothèque des princes, qui, fondée en 1554 par le duc Georges,

(1) Bonsen appréciait ainsi Mœgerlin dans une cérémonie publique, du 3 janvier 1736. « Egregius ille cultioris litteraturæ, philologiæ præsertim sacræ, nec non recentioris philosophiæ apud nos phœnix, vir undequaque dignissimus. »
Il est beau de louer ainsi un rival qu'on ne peut aimer.

était restée au château, fut transportée dans la salle d'auditoire du gymnase. Bonsen dut s'occuper de cette installation : il dressa le catalogue en 1736. — Cependant le traité de Vienne rendit la paix à l'Europe. En vertu des préliminaires, la garnison française évacua Montbéliard le 8 avril 1736 ; et les bourgeois, organisés en milice, reprirent solennellement possession du château.

Le duc de Wurtemberg conserva Bonsen comme recteur : il ne pouvait d'ailleurs faire un meilleur choix. Quant à Megerlin, il fut nommé pasteur à Laubach (1).

Bonsen reçut une gratification de 60 livres que le Conseil de régence lui accorda pour avoir su conserver le gymnase, « pépinière d'où le barreau et la chaire dans ce pays tirent des sujets, qui sont employés à retenir les peuples dans l'obéissance où ils doivent être, tant à l'égard de Dieu, que par rapport à leur légitime souverain. » (14 août 1737). C'était peu ; mais du moins c'était un témoignage de satisfaction.

Le nouveau recteur vit faire les derniers travaux d'installation au gymnase. Le 21 août 1736, le maçon Brand posait une pierre rouge au-dessus de la porte de la cour du gymnase, du côté du levant. Bonsen, étant monté sur l'échafaudage, y lut cette inscrip-

---

(1) Ses derniers ouvrages sont : *De bibliis latinis Moguntiæ primo impressis* (1750); *Sammlung merkwürdiger Rabbin Erzeugnisse* (1751); *Geheime Zeugnisse für die Wahrheit der Christlichen Religion aus vier und zwanzig seltenen judischen Amuletten gezogen* (1756); *Die Türkische Bibel, oder des Korans allererste teutsche Übersetzung* (1772) (Biogr. Didot). Il séjourna douze ans à Maulbronn, fut exilé pour adultère en 1749, et abandonné de sa femme ; il s'établit enfin à Francfort en 1763 comme simple particulier, et y mourut neuf ans après.

tion, qu'il qualifie de « sotte et burlesque, qui aurait éternellement fait déshonneur au pays » (1).

GYMNASIVM DUCIS HIC
EBERHARDTI SVM LVDOVICI HEC
SCHOLA CVM PATRIA STETQ.
CADATQ. SVA. DEDICATIO ADIVM HARVM
IN NATALI FESTO PRINCIPIS EST FACTA
D. 18 SEPT. AO. DOMINI MDCCXXXIII

Bonsen transmit ses observations au Noble Conseil de régence, qui fit prendre une fidèle copie de l'inscription : le maçon se justifia en montrant « la paperasse » sur laquelle le recteur Megerlin avait écrit ces belles choses, comme si l'étude de l'hébreu lui avait fait oublier son latin. Le recteur corrigea ainsi l'inscription :

Gymnasium Lodoix Eberhardus condidit istud : Hæc schola cum patria statque caditque sua; harum aedium, Deo opt. max. concedente, ipso serenissimi fundatoris geniali festo LVIII d. XIV. Cal. octob. a. r. s. a. MDCCXXIII facta est dedicatio.

Cette inscription prophétique annonce que l'établissement doit durer autant que la ville elle-même et avoir les mêmes vicissitudes.

Les maîtres, logés trop à l'étroit, regrettaient la vieille école latine et les jardinets qui leur étaient réservés. Mais cette école latine de la rue Derrière, qui valait au plus quatre mille francs, avait été démolie en 1740. Une place publique la remplaça jusqu'à la Révolution. Alors elle fut entourée de murs construits avec les démolitions de l'église Saint-Maimbœuf : c'est aujourd'hui la cour et l'écurie Morhardt, rue de Belfort.

(1) Cette inscription, sur grès des Vosges, est au Musée.

Les trois régents demandaient une langue de terre, située entre le fossé du jardin seigneurial et la rigole de la Rouchotte, et nommée le pré de la Métaise; ils se plaignaient de ne pas pouvoir nourrir une vache ou de la volaille comme dans l'école latine: ils réclamaient en conséquence un cellier et une écurie. Bonsen obtint des réparations, fit remplacer les vieux murs dégradés, les vieux carreaux calcinés par le soleil; la galerie qui était à l'orient, au premier étage, et qui donnait accès aux classes, fut aussi réparée. On voit encore aujourd'hui les traces de l'escalier qui conduisait à cette galerie. C'est Bonsen qui fit faire une paroi portative séparant la bibliothèque, ou salle de l'auditoire, d'avec les classes inférieures, pour que les assistants eussent plus de place aux *Actes publics* qui se faisaient chaque année. — Bonsen obtint aussi des bancs distincts à l'église Saint-Martin pour ses deux régents et pour sa femme (1). Outre ses fonctions ordinaires, il fut chargé de desservir avec les autres professeurs, de 1740 à 1744, le temple Saint-Georges, cédé par le prince à la ville, dédié le 29 décembre 1739, et inauguré le 28 octobre 1740. Le recteur, à la mort du surintendant Nigrin (13 février 1744) demanda le pastorat d'une des deux églises : mais le conseiller Faber, directeur de la Chancellerie, fut contraire à sa demande, et Bonsen

---

(1) Il avait épousé Hedwige, fille de Joseph Titot, et en avait eu plusieurs filles ; l'une devint la femme du savant Pelloutier de Leipzig, historien des Celtes, qui mourut en 1757, pasteur à Berlin, à l'âge de soixante-trois ans, épuisé par l'excès du travail; une autre épousa le pasteur Masson, père de l'inspecteur ecclésiastique. Le recteur perdit son vieux père en 1747; sa femme, qui lui avait encore donné un enfant en 1755, mourut l'année suivante : il supporta tous ces coups avec une fermeté qui ne se démentit point.

dut rester assujetti « à la pénible galère, ou au martyre de l'école. » Il ne voulait point paraître d'un rang inférieur à celui du corecteur Duvernoy, second ministre de l'église allemande, et de Surleau, ministre de l'église du faubourg : mais l'année suivante, à la mort du ministre Pelletier, il ne put lui succéder à la tête de l'église allemande. Le 20 février 1751, le recteur recevait un éclatant témoignage de confiance de la part des trois corps de ville assemblés, qui usèrent, selon l'ancienne coutume, du droit de présentation, à la mort du surintendant Jules-Frédéric Macler, pasteur de l'église allemande : ils mirent Bonsen au premier rang ; néanmoins il ne fut point choisi (1). C'était pour lui une nouvelle déception, d'autant plus désagréable que son traitement restait toujours aussi modique pendant que sa famille augmentait : il avait par an 156 quartes de froment, 144 d'avoine, 80 livres, que lui payait la Recette des églises. C'était peu pour un homme zélé et dévoué comme lui ; ajoutons qu'on s'accordait à reconnaître qu'il tenait son gymnase sur un excellent pied (2). Comme il fut très longtemps recteur, il y eut de la stabilité dans les vues et les méthodes d'enseignement. Loin de critiquer la tenue du collège comme au temps de Megerlin, les visiteurs se plaisaient à déclarer que la discipline était excellente, Bonsen ayant des qualités de commandement tout à fait exceptionnelles. A peine put-on reprocher une fois aux grands écoliers, dont

(1) *Documents inédits* conservés à la mairie et provenant de la Société d'émulation.

(2) Néanmoins, grâce à une sévère économie, il achetait un champ à Vieux-Charmont pour 90 livres (20 février 1756), un autre pour 48 livres (de deux quartes de terre), un de trois quartes pour 103 livres, ès arbues, au pied de la Chaux. (Papiers de Bonzen.)

la conduite n'avait rien de déréglé, leurs absences aux services de l'après-midi du dimanche. Cependant leur style laissait parfois à désirer : en 1740, les visiteurs disent à Bonsen de veiller à ce que la *manière de composer* des élèves ne soit pas trop guindée, mais formée simplement et naturellement suivant le style des bons auteurs qu'ils lisent et traduisent, pour éviter qu'ils ne s'accoutument à l'obscurité : il ne se gêne point pour dire au conseil que les diacres Pelletier et Duvernoy ne méritent pas d'être écoutés, parce qu'ils ne sont rien moins que connaisseurs en matière de style ! Les deux censeurs durent faire la moue si quelque âme charitable leur reporta ce propos. Mais en 1748 les visiteurs recommandent de se borner à expliquer un seul auteur jusqu'à ce que les écoliers se soient assimilé son style à force d'exercice : ils éviteraient ainsi cette désagréable bigarrure qui consiste à mettre dans les thèses philosophiques des tournures convenant au style oratoire ou historique. Cette fois encore Bonsen fit voir son mécontentement. Le marguillier Fayot lui ayant apporté *l'ample relation* de la visite, sur l'ordre du surintendant Macler, malgré l'avis du ministre Surleau et d'autres, Bonsen y souscrivit pour les visites auxquelles il avait assisté, mais il nota sur le rapport qu'il se réservait au besoin le droit de faire une relation particulière. N'ayant pas le temps de tout lire, il observa qu'on disait que la seconde classe expliquait *Nepos et Ovide* ; or, les élèves n'avaient pas ces ouvrages entre les mains. En 1756, Bonsen émet encore une observation : plus d'une fois il a fait entrer dans une classe élevée un jeune homme ayant déjà étudié le latin chez ses parents avant que d'entrer au gymnase : il désire qu'on lui laisse cette faculté, dont il a usé « sans faire de bruit » et sans mettre en mouvement tout le Noble Conseil de régence pour un semblable détail.

Mais ce sont là des incidents. De 1735 à 1758 les rapports des visiteurs sont très élogieux et nous présentent Bonsen comme un pédagogue du premier mérite, instruit, énergique et intelligent, capable même de diriger un établissement bien plus important que le sien. Le nombre des élèves, qui était de 51 en 1731, ne pouvait guère varier, à cause du peu d'étendue du pays de Montbéliard (1). Il s'élève à 60 en 1751, à 62 en 1753 : c'est le chiffre le

(1) Année	Nombre des élèves	1re classe	2e classe	3e classe
1745	49	15	19	15
1746	42	10	13	19
1747	47	11	14	22
1748	50	11	14	25
1749	55	18	20	17
1750	53	15	26	22
1751	60	11	22	27
1752	58	17	18	23
1753	62	30	12	20
1754	48	8	17	23
1755	48	17	11	20
1756	42	10	14	18
1757	45	11	17	17
1758	44	9	15	20
1759	43	9	15	19
1760	36	11	10	15
1761	41	12	9	20
1762	50	12	11	27
1763	32	7	10	15
1764	36	7	8	21
1765	39	8	16	15
1766	?	?	?	?
1767	36	3	12	21
1768	?	?	?	?

(Archives du Doubs.)

plus élevé qui ait été atteint pendant ce rectorat. Puis le nombre des élèves diminue : il est de 42 en 1756, remonte à 50 en 1762, pour retomber à 32 en 1763, à 36 en 1767.

Cette décadence relative me paraît avoir deux causes bien distinctes. L'intelligence de Bonsen était toujours très nette : mais ses travaux et ses habitudes sédentaires avaient affaibli sa santé. En 1754, âgé de 55 ans, le recteur écrivait qu'il allait aux eaux de Lougres, « pour rafraîchir et raréfier la masse de son sang, qui paraissait aux médecins plus échauffé et plus épaissi qu'à l'ordinaire. » Deux ans plus tard, il souhaitait une position stable qui lui donnât un peu de repos : il aurait voulu que l'on créât pour lui une place d'inspecteur des écoles de la ville, afin de voir si la jeunesse était bien enseignée, et recevait une bonne instruction religieuse et morale. Il sentait que l'excès de travail avait miné la robuste constitution dont la nature l'avait gratifié, et se disait « travaillé d'un rhumatisme goutteux vague qui charriait par tout son corps et qui affectait par intervalle ses bras et ses épaules d'une manière si tendue qu'à peine pouvait-il écrire. » Sans doute son énergie s'affaiblissait. Son caractère lui avait fait depuis longtemps des ennemis. Voici un trait qui peut contribuer à le peindre.

Le Conseil de régence (MM. de Gemmingen, Gropp, Goguel) défendit de tenir sans autorisation des écoles privées ouvertes aux petites filles (1749). Ces écoles avaient fait une concurrence désastreuse à celle qui étaient autorisées. Aussi, l'année suivante, le Conseil crut devoir ordonner une enquête extraordinaire : il décida que, conformément à l'ordonnance ecclésiastique, les ministres de la ville feraient tour à tour une visite tant dans le gymnase que dans les autres écoles (23 mai 1750) (1). Cette visite se fit comme le Conseil l'ordonnait : mais une mesure aussi insolite déplut beaucoup au recteur Bonsen, qui dirigeait le gymnase depuis quinze années avec succès, et fut choqué d'une semblable précaution prise à son égard. Cette visite lui parut une preuve de mécontentement des autorités ; or il avait conscience de ne point mériter de reproches. Ministre depuis longtemps déjà, Bonsen ne pouvait supporter de se voir, pour un jour, interroger, critiquer, réprimander par d'autres ministres, qui, à son avis, n'étaient que ses égaux, et ne devaient avoir aucune action sur son établissement.

Aussitôt après la visite, le recteur proteste contre la prétention qu'avaient les ministres et diacres de faire l'inspection du gymnase au même titre que celle des écoles inférieures. Il serait responsable envers la postérité de l'avilissement de sa charge s'il ne protestait point.... Il n'y a que ses supérieurs qui aient droit d'inspection, c'est-à-dire les seigneurs conseillers et surintendant. Le recteur rappelle (pédantesquement) ces deux maximes de logique, qu'il aura soin de suivre, d'autant plus qu'il les inculque à ses élèves :

Errorum genitrix fuit æquivocatio semper.
Qui bene distinguit, rite docere valet. (2)

Non moins pédantesquement le digne recteur

---

(1) « Et quand aux ministres de l'Eglise, nous les exhortons encore une fois sérieusement de faire toutes les semaines une visite dans les écoles, à moins qu'ils n'en soient empêchés, et de travailler ainsi eux-mêmes de concert avec les précepteurs à réformer et à corriger ce qu'il pourroit encore avoir de défectueux » (1724).

(2) La synonymie (ou analogie des termes) a toujours été cause d'erreurs. Qui a bien distingué peut enseigner convenablement.

cite la *Polymathie de Morhof* (1), qui dit : « Non tam multis ducibus, quam peritis et prudentibus, in rebus scholasticis utendum est... In ephoris, in est inspectoribus vel visitatoribus constituendis, plerumque peccatur. Solet enim hæc cura sacri ordinis viris demandari, qui non omnes æquè iis sunt doctrinis exculti, ut de re scholastica recte statuere possint. » Cette raison *apodictique* de Morhoff est de poids ; mais Bonsen s'appuie surtout sur l'ordonnance ecclésiastique de 1559, *loi fondamentalissime, qui doit régler toute contestation*. La *Cynosure ecclésiastique* (1) ne parle que des petites écoles. Le *Supplément aux ordonnances ecclésiastiques* ne fait que confirmer ces ordonnances : or, celles-ci disent plusieurs fois que « les seigneurs conseillers et surintendant » sont les seuls visitateurs des écoles latines ; que les ministres sont ceux des écoles françaises, et doivent les visiter tous les huit jours. Le recteur Bonsen reconnait d'ailleurs que, d'après l'ordonnance, le ministère ecclésiastique aussi bien que le bailli peut visiter les écoles, mais c'est dans le cas où l'on aurait de justes plaintes à faire contre un des maîtres (2).

Bonsen demande donc que le surintendant Macler insinue aux ministres et diacres de borner leurs visites particulières aux écoles inférieures (19 août 1750).

(1) Morhof (1638-1691), professeur d'éloquence, puis d'histoire à Kiel, a écrit : *De patavinitate liviana* (1685) ; *Polyhistor, sive de notitia auctorum et rerum commentarii* (1688) : ce dernier ouvrage est celui que cite Bonsen.

(1) La *Cynosura ecclesiastica* était une ordonnance appliquée à toutes les possessions des ducs de Wurtemberg.

(2) En 1735 les ministres de l'Eglise française étaient pourtant intervenus en qualité de visitateurs ordinaires pour faire nommer Bonsen recteur par l'intendant de Vanolles.

Il fut tenu compte des justes réclamations du recteur, d'autant plus que le gymnase était parfaitement tenu sous sa direction et ne laissait rien à désirer vers cette époque.

Le pasteur Macler fit un rapport spécial dans lequel il exprimait des regrets au sujet de cette requête du recteur, tendant à une rupture avec les ministres de la ville, rupture dont les suites seraient peu édifiantes pour le public. La citation extraite des œuvres du savant Morhof paraît avoir fait une grande impression sur son esprit : aussi reconnaît-il qu'il faut accommoder ce différend, et dire hautement que Bonsen n'est en aucune façon inférieur aux autres ministres de Montbéliard (25 août 1750).

De 1750 à 1793, les *visitateurs* du gymnase sont toujours des membres du Conseil assistés du surintendant des églises du pays de Montbéliard ; ils rédigent chaque année deux rapports, et les font signer au recteur du collège et à ses régents. Les maîtres du gymnase et ceux des petites écoles dressent la liste de leurs élèves, en donnant l'indication de l'âge de chacun ; le maître de l'école allemande donne même un tableau contenant une qualification accolée à chaque nom *(faul,* paresseux, *fleiszig,* appliqué, etc.) ; mais seul le recteur du gymnase fait parfois des observations écrites à la suite du rapport, tandis que les maîtres des petites écoles, moins importants personnages, gardent toujours un silence prudent (1).

Mais des rancunes s'amassent dès lors contre Bonsen. Dans les derniers temps de son rectorat, la force des études diminue lentement, comme les

---

(1) *Archives du Doubs,* E. 89.

forces physiques du recteur : les plaintes des visiteurs sont fréquentes et assez vives. On reproche aux grands élèves d'être peu appliqués, de ne faire aucun progrès, de ne pas se préparer à la maison aux leçons publiques... En 1762, le recteur lui-même, alors fort souffrant, se plaint du relâchement et de la pétulance peu ordinaire de quelques-uns ; deux ou trois fois déjà les classes inférieures s'étaient montrées turbulentes. Par politesse peut-être, les visiteurs attribuèrent en partie la diminution des élèves à la négligence des parents, qui les élevaient, disaient-ils, dans l'indépendance et le luxe, dont les suites « sont le libertinage et le dégoût que les enfants conçoivent pour les études ». Ils proposèrent même, à cause de la faiblesse des grands écoliers, de mettre en régie leurs bourses jusqu'au jour où ils seront parvenus à l'université ; alors ils recevraient le capital et les intérêts accumulés, proportionnellement à leur mérite. Les choses traînèrent ainsi quelques années ; le Magistrat de la ville voulait proposer par écrit des réformes, lorsque le recteur fut enfin obligé de s'aliter (1768). L'année suivante, on lui donna un remplaçant.

Depuis quarante-et-une années il était attaché au gymnase comme corecteur ou comme recteur. Près de trois cents élèves avaient terminé leurs études sous sa direction dans la haute classe. (1).

(1) Liste des corecteurs de Bonsen : Hilman, diacre (1375), Rigoulet (1735), Jean-Frédéric Dubois (1736-1737), Ch.-Fréd. Duvernoy (1737-1749) ; Jean Morel (1749-1767), qui mourut en laissant six petits enfants et une pension de 24 quartes de froment à sa veuve ; puis Pierre - Conrad Morlot. Les sous-corecteurs furent Herman-David Bonsen (1731-1747), le vicaire Fréd.-Nic. Charrière, expulsé de Montécheroux, terre séquestrée, par l'intendant de Besançon ; Jean-Friderich Masson (1754), traducteur du géographe

Il nous reste à parler de ses rapports avec les maîtres et de ses œuvres littéraires. Un des collaborateurs de Bonsen, Pierre-Conrad Morlot, eut avec son recteur une contestation qui mériterait d'être mise en vers et ferait la matière d'un poëme héroï-comique. Il adressa, le 11 novembre 1762, un rapport au Noble Conseil de régence pour qu'on obligeât son chef à lui remettre une clef du grenier commun aux trois maîtres, car celui-ci voulait le lui fermer ; il représentait qu'il était obligé de déposer son bois, sa paille et des sarments de vigne dans la cour de sa maison, au risque d'un incendie. Bonsen répondit par un mémoire de douze pages : il tonna contre l'exposé sophistique et les fausses suppositions qu'employait son adversaire pour se créer un prétendu droit. « Il n'a été admis, dit-il, dans aucun des conseils de notre gracieux souverain, pour affirmer témérairement, d'un ton hardi et magistral, que c'est contre l'intention de Son Altesse Sérénissime que le recteur s'approprie le grenier en entier. Son plan (je cite les expressions de Bonsen) « portait une marque de réprobation avec soi », et dans le fond était purement idéal, chimérique, révoltant et bizarre, inspiré par la fraude et la mauvaise foi. « Je suis liant, disait le recteur, accommodant et toujours disposé à rendre service. Mais je ne dois pas souffrir que l'on abuse de ma facilité au point de vouloir s'arroger incongrûment des droits qui porteraient atteinte à ceux qui me sont réservés. » Il reprochait à Morlot d'agir avec astuce, avec un dessein prémédité de surprendre sa candeur :

Hubner et des *Faits mémorables de Frédéric-le-Grand* ; Pierre-Conrad Morlot (1758-1767) dont le successeur fut David Duvernoy.

ce qu'il avait jusqu'alors accordé, c'était par tolérance. Mais étant à dîner, il avait été averti qu'un serrurier crochetait son grenier. Il y avait couru pour protester, disant qu'il en avait la clef depuis 28 ans. S'il avait fermé cette porte, c'est que les pensionnaires de Morlot laissaient dans ce grenier « de puants excréments humains » sur les tas de foin, malgré les colères de la servante, à qui ces « pétulans » avaient osé dire, après avoir coupé la corde du foin, que le grenier leur appartenait autant qu'au recteur. Celui-ci rappelait encore qu'en 1734 une partie de la bibliothèque du prince avait été placée dans ce grenier, par les soins de Megerlin, qui lui en avait remis la clef; et qu'il avait rangé les livres plus tard dans la grande salle, laquelle faisait partie de son propre appartement. Il voulait donc garder son grenier (Coll. Wetzel).

Le Conseil arrangea l'affaire; mais ce risible épisode montre que Bonsen savait faire respecter ses droits les plus minimes.

Il montra la même énergie lorsqu'il eut à lutter contre des envieux à propos de ses œuvres littéraires. En 1732, il avait publié une édition annotée des *Colloques de Lang* (1) et un *Recueil de cantiques*, auxquels il avait travaillé dès 1727 : un grand nombre était de sa composition, car il avait hérité des talents de son père. Il avait fait réimprimer à Strasbourg, en 1747, ce recueil de cantiques, qui s'était très bien vendu, et au sujet duquel une correspondance avait été entretenue par lui avec Lizel ou Lizelius, corecteur du gymnase de Spire, auteur

---

(1) *Joachimi Langii Colloquia latina, unà cum proemisso tyrocinio, usui inferium classium gymnasii. Montbelg.* 1732, in-12.

d'une *Histoire des poètes allemands qui ont écrit en français,* comme avec le pasteur Diény, de Trémoins, auquel il disait : « Ah ! faisons nos efforts pour nous mettre à la brèche de l'impiété, du libertinage et de l'ignorance, qui de nos jours menacent d'inonder le monde entier. » Son vieil ami, le pasteur Masson, louait dans les psaumes la fertilité des pensées, la noblesse des expressions, le tour agréable et ravissant que l'auteur avait su leur donner, la pureté, l'élégance du style, les expressions énergiques et poétiques qui lui donnaient de l'éclat. C'était un zèle pieux qui poussait le recteur montbéliardais à des travaux aussi pénibles. « Que ne doit pas faire un chrétien pour l'honneur de la religion ! » s'écriait-il. Il écrivait à M. Rucker, docteur en droit et conseiller de Francfort, que les réformés et les catholiques romains se moquaient des mauvais cantiques français dont l'église de Francfort faisait usage, tandis que les cantiques allemands étaient admirés à cause de l'onction divine qui y était abondamment répandue ; une traduction des cantiques allemands, faite par le ministre bâlois Claudi, ne renfermait que des hymnes ineptes et ridicules *(lächerliche Claudische französische Gesänger, ne pejus dicam).* Il s'applaudissait de la réussite de son édition, approuvée par la Faculté de théologie de Strasbourg.

Encouragé par ce succès, le recteur écrivit un cantique, *la Voix de Dieu,* pour être chanté le jour du jeûne prescrit au sujet du tremblement de terre de Lisbonne en 1755. A la même époque, il était chargé de la revision du *Nouveau Testament* de Martins, revu par Pierre Roques : les pasteurs J.-J. Duvernoy et Surleau y travaillèrent avec lui ; mais le travail des trois théologiens ne fut étendu qu'aux quatre évangélistes (1). « Je me suis prêté, disait l'infatigable recteur, à toutes sortes de fonctions ministérielles, qui m'étaient de temps en temps commises tant à la ville qu'à la campagne; quoiqu'elles ne fussent proprement pas du ressort de ma charge principale. Le travail ne m'épouvante point : je m'y livre sans aucune répugnance. » Comme il lui fallait consacrer de quatre à six heures par jour, avec J.-J. Duvernoy et Surleau, à la revision de ce Nouveau Testament, et qu'à la même époque on lui demandait de nouveaux cantiques français, il obtint (en février 1755) que les classes latines fussent faites par les deux maîtres ses subordonnés jusqu'à la saint Michel pendant l'après-midi; et qu'on le déchargeât des sermons du dimanche matin. Il fallait, en effet, supprimer des propositions non exprimées dans l'original, et avancées par les traducteurs pour favoriser leurs hypothèses, des omissions et additions préjudiciables au vrai sens, des expressions équivoques ou vieilles, etc. Ce travail de géants ne fut pas achevé. Mais en même temps le recteur revoyait les 5° et 6° tomes de la *Géographie* de Hubner, pour le libraire Imhoff, de Bâle. Il correspondait avec Michel Ott, professeur de langue française et de mathématiques au gymnase de Strasbourg, qui le décida en 1754 à faire une réimpression de ses cantiques; le pasteur Stouber prit part à cette correspondance, offrit trois cantiques que Bonsen corrigea, et se chargea de l'arrangement de la musique. « Sans une entreprise telle que la mienne, écrivait l'honnête recteur, un blâme reposerait à jamais sur les églises protestantes évangéliques : cette édition de 1740 les désho-

(1) *Coll. Duvernoy.*

nore. » Le rude Germain ne ménageait pas ses termes : l'université de Strasbourg avait exigé des suppressions dans la préface de son édition de 1747, qui « s'exprimait trop durement au sujet des défauts des livres de la même espèce et parlait trop avantageusement de son propre mérite. »

Cependant son style n'est pas des meilleurs. Il a les qualités et les défauts ordinaires au style des écrivains nourris des auteurs anciens et des traités scientifiques modernes. Parfaitement clair, il est d'une clarté quelquefois trop limpide, qui ne laisse rien deviner au fond; il est correct, mais d'une correction un peu froide et sèche; cependant il est parsemé de traits assez vigoureux et de tours de phrases ou d'expressions d'une originalité caractéristique. N'y cherchons point cependant ou la grâce et la délicatesse, ou l'éloquence et la grandeur : le digne recteur du gymnase a pour principale qualité une certaine grosse verve dont l'âpreté ne déplaît point. Mais ce sévère critique a le défaut d'abuser des citations, ainsi que d'expressions *obsolètes*, pour parler son langage. Peut-on dire qu'une question roule « sur un point tout à fait grave, relevant et intéressant ? »; ou qu'une secte a failli d'engloutir le protestantisme ? Comment laisser passer des expressions comme celle-ci : Ensuite *de* cette observation; le *prescrit de* sa parole; donner à un plan de la *lativeté;* être entiché d'un venin subtil;... secte répandue *bien loin et large* (latinisme); réformés *habitués* dans un royaume; insister à tuer l'esprit; chrétiens *déprévenus;* un écolier qui *frippe* ses classes ? etc., etc...? (1)

(1) Expressions tirées d'une Satire inédite contre les frères Moraves.

J'ai dit qu'il avait souhaité d'être inspecteur des écoles : il aurait consacré tous ses soins à ces fonctions, et était fort capable de porter sur les méthodes employées un jugement impartial, sérieux et éclairé, vu son expérience pédagogique. En 1756 il disait que la création de cette charge permettrait de ne plus réunir les visiteurs pour des minuties : ceux-ci s'appuieraient sur les rapports de l'inspecteur pour réclamer des réformes et n'auraient point à discuter longuement des opinions problématiques. Tels étaient les vœux modestes du recteur : il obtint mieux encore.

Le 11 mars 1769, un rescrit du prince le nomma conseiller ecclésiastique et surintendant des églises du pays, aux gages annuels de 500 livres en argent et de 36 quartes de froment, outre 54 livres pour frais des visites ecclésiastiques faites dans l'année : ce poste, malgré la modicité du traitement, était fort envié. C'était un personnage de grande importance qu'un surintendant : il devait maintenir la discipline de l'Eglise, réprimer les scandales en admonestant les coupables dans le consistoire, dont il avait la présidence ; c'était lui qui faisait l'imposition des mains aux nouveaux ministres. Il inspectait aussi toutes les écoles du pays, et faisait même passer des examens aux maîtres en fonctions comme à ceux qui concouraient pour une place ; il prenait une part importante à la direction du gymnase. Elevé à ces hautes fonctions, Bonsen rendit encore de très grands services : il se montra fort zélé pour la prospérité de son gymnase, très assidu aux inspections semestrielles. Dans ses rapports avec les pasteurs, il fut juste, modéré, ennemi des nouveautés comme des superstitions. Favorable au piétisme d'Arndt et de Spener, il fut hostile aux doctrines des réformés du pays, dont beaucoup allaient « faire la Sainte-Cène » à Bâle ou à Strasbourg : il fit décider qu'on ne les admettrait pas à la communion s'ils ne déclaraient recevoir le vrai corps et le vrai sang de Jésus (1). Il faut voir avec quelle énergie il s'élève contre des pasteurs qui, dans un consistoire au Magny-d'Anigon (6 octobre 1771), avaient dénoncé un sabotier, David-Nicolas Jacques, qui avouait, disait-on, avoir brûlé par magie un mouchoir un mois auparavant! « J'ai peine à croire, dit-il, que dans une paroisse éclairée de la plus pure lumière de l'Evangile, il puisse se trouver des esprits assez imbéciles et assez dépourvus de sens et de raison, pour donner la moindre créance à ce que la plus grossière et la plus niaise superstition fait inventer premièrement et tâche ensuite de répandre dans le public, en fait de grevance, d'enchantements, de sortilèges, de magies et de sorcelleries... Je vous conjure au nom du Seigneur à donner tous vos soins à ce que les malheureux restes de anciennes superstitions soient entièrement éliminés, éteints et suffoqués dans toute l'étendue de votre paroisse et chez vos voisins » (2). Tel était ce ferme esprit, malgré les années. Cependant la maladie torturait toujours ce corps indestructible. En 1780 il fallut nommer un surintendant-adjoint, M. Duvernoy : huit années après, Bonsen s'éteignait à l'âge de quatre-vingt-neuf ans.

(1) *Collections de documents* Wetzel, à la Bibliothèque. Bonsen est ennemi des moraves, des calvinistes et des catholiques; mais il estime beaucoup les piétistes, que le juge Duvernoy confond avec les moraves dans ses *Ephémérides*.

(2) Voir : *La sorcellerie dans le pays de Montbéliard*, par M. Tuetey. Les occultistes admettent certains faits de sorcellerie.

Une si longue vie de travail, d'honneur et de probité, mérite bien qu'on pardonne à Bonzen quelques vivacités de caractère et quelques bizarreries de style. Comme l'histoire de cette vie est celle du gymnase lui-même pendant une quarantaine d'années, personne ne me reprochera de lui avoir consacré trop de pages.

CHAPITRE III

Les compétitions pour le rectorat. Le recteur Léonard-Frédéric Dubois (1769-1773). Nécessité d'une réforme : abus des vers français, des discours latins et des cérémonies d'apparat. Comment se faisait une classe. Création d'une chaire de sciences et modification du programme. Mort du recteur. Digression sur les cérémonies publiques où déclamaient les élèves a cette époque.

Il est tout naturel que des compétitions se produisent lorsqu'une place estimée devient vacante : pourtant jamais probablement à Montbéliard on ne vit autant de rivalités jalouses lutter à l'envi et hargneusement, comme après le départ du vieux recteur Bonsen : que dis-je ? avant même que son changement ne fût réglé dans les formes officielles. A notre époque de centralisation, rarement s'élèvent cabales aussi ardentes pour le principalat d'un collège communal.

Un jeune candidat au saint ministère faillit succéder au septuagénaire Bonsen : né à Couthenans le 6 janvier 1744, et fils d'un ministre du temple St-Martin qui mourut en 1760, Jean-Georges Surleau, ancien stipendiaire au gymnase, avait fait en cette qualité ses études théologiques à Tubingue ; il était devenu précepteur chez le conseiller de régence Rieger. Ce personnage important le recommandait chaudement, faisait grand éloge de son cœur, de son application singulière à faciliter les études des jeunes gens, et de son érudition peu commune ; il le présentait au choix du prince pour être coadjuteur du vieux Bonsen, avec future succession. Mais alors tous les conseillers durent donner leur avis au duc ; et ils le firent sans hésitation, sans crainte de blesser leur collègue, développant à qui mieux mieux les arguments qui leur venaient à l'esprit. D'après le ministre Duvernoy, si cette adjonction n'était pas agréée ni même désirée du sieur recteur « son âme, d'ailleurs peu endurante, et le caractère vif du suppliant, pourraient, dans bien des rencontres, former des entrechocs dont la jeunesse risquerait de souffrir, et dont le public serait peu édifié. » Non content d'avoir fait remarquer la fausse position dans laquelle on placerait les deux maîtres, ce ministre ajoutait que le gage (ou traitement) du recteur adjoint retomberait à la charge de la recette ecclésiastique. Des maîtres déjà vieux avaient de longues années d'enseignement, avec ce caractère grave et solide qui convient à la tête d'un collège. Le conseiller J.-P. Grammont répéta la même chose en d'autres termes. Son collègue Dubois parla dans ce sens. Les visitateurs ordinaires Blanchot et F.-C. Duvernoy voulaient que Surleau subît au moins un examen. M. G.-D. Sahler (1) constatait qu'il y avait douze candidats ayant des droits antérieurs, entre autres Jules Macler et le vicaire, à qui l'on devait une récompense pour avoir servi jusqu'alors l'autel sans vivre de l'autel. Le sieur Dubois était d'ailleurs tout désigné pour le rectorat. Cependant M. Sahler reconnaissait que Surleau devait être nommé, s'il était réelle-

---

(1) Samuel (1721-1800) et G.-D. Sahler étaient fils de Jean-David (mort en 1734), originaire de Mulheim (Duvernoy).

ment le plus capable des candidats. M. Sahler était en effet préoccupé des réformes qu'il jugeait nécessaires dans le plan d'études, et qu'un maître jeune et capable pourrait mener à bonne fin. Il rappelait les principaux devoirs qui incombaient à un recteur : enseigner l'humilité, le *support*, l'amour de l'ordre et de la vertu, verser dans l'âme des jeunes gens des inclinations douces et paisibles, en faire des hommes, des citoyens et surtout des chrétiens, leur apprendre à préférer l'intérêt public aux intérêts particuliers, à distinguer la réalité du faux brillant, à aimer le vrai beau ; et surtout il devait faire une place à l'enseignement scientifique. Telle était l'opinion que les hommes de mérite se faisaient alors des devoirs d'un maître. Ce M. Sahler avait voyagé, et, comme tous les esprits de valeur, beaucoup retenu après avoir beaucoup vu : il avait visité une partie de l'Allemagne, fait un stage chez MM. Hochstatter, banquiers viennois, en 1745, et sans doute entendu parler de ces Realschulen qui florissaient déjà dans le royaume de Prusse. Il demandait que l'on fît une pension à Surleau afin qu'il allât étudier la méthode usitée en France « pour adoucir l'enseignement du latin, méthode qui est toute différente de celle que l'on suit en voulant passer de la langue allemande à la latine. » Ce conseiller était plus compétent que bien des maîtres d'alors en matière de pédagogie.

Cependant le consentement de Bonsen ne pouvait être obtenu. Averti de ce qui se préparait, il n'hésita pas à répondre par un vigoureux mémoire, dans lequel il rappelait, « avec cette franchise qui l'avait toujours empêché de biaiser quand il devait donner son avis » qu'une déclaration formelle du prince interdisait de postuler une survivance : pour cette raison, lui-même n'avait pu obtenir en 1744 le pastorat de l'église allemande. Il rappelait qu'il n'avait jamais réclamé un assistant, que depuis quarante années il avait toujours suppléé sans réclamer de rétribution, quand une vacance se produisait; qu'il était donc en droit de réclamer qu'on lui payât quelques mois un vicaire pendant sa maladie.

En même temps, plusieurs candidats au poste de Bonsen faisaient une lettre collective contre la pétition de Surleau. P.-C. Morlot le corecteur, D. Duvernoy le sous-corecteur, C.-F. Goguel, J.-G. Duvernoy, vicaires, et le candidat Jean-Frédéric Morel, demandaient énergiquement que l'on suivît l'ordre de promotion, disant que c'était une présomption insupportable que de se croire doué de lumières supérieures : « gens de mérite sont fort éloignés de pareilles pensées, et ce n'est qu'à mesure que l'on avance en connaissances, que l'on devient assez modeste pour se persuader qu'on n'en a pas assez. » Ils représentaient que Surleau n'était que le dix-huitième sur la liste des candidats qu'il fallait pourvoir d'une place : c'était déjà la question de l'encombrement posée au milieu du XVIII° siècle. « La charge de recteur, disaient-ils, convient à un homme d'expérience, au fait de manier des esprits différents et quelquefois opposés, plutôt qu'à un jeune homme, qui ne connaît, et peut-être très imparfaitement, que ses parents et quelques condisciples. D'ailleurs, en cas de vacance, quel candidat plus ancien que lui voudrait servir comme corecteur ou sous-corecteur sous ses ordres ? »

Devant ce *tollé* général, le vice-président du Conseil de régence, M. de Goll, dut écrire à Stuttgard au conseiller Rieger qu'il était impossible de donner cette place de *gymnasiarque* à son jeune protégé (9 novembre 1768). Enfin, le 11 mars 1769, un rescrit du prince nomma Bonsen conseiller ecclésiastique, et recteur Léonard-Fréd. Dubois. Le pasteur Dubois, né en 1727, alors dans toute la force de l'âge, était un homme très intelligent, très spirituel et doué d'une mémoire prodigieuse. Après avoir fait de bonnes études au gymnase en qualité de stipendiaire, il était allé à Tubingue pour y suivre des cours de théologie, puis il avait exercé les fonctions de pasteur à Beutal (1).

Dubois se chargeait de ces fonctions nouvelles à un moment difficile : non-seulement il fallait renouveler le niveau des études dans la plus haute classe, dont les compositions laissaient à désirer, mais encore il était nécessaire de contenter ce besoin de réformes que ressentaient tant d'esprits divers. C'est vers ce temps que Voltaire plaisantait l'enseignement classique, auquel il reprochait de faire vivre l'élève dans un milieu trop artificiel et de le laisser complètement ignorant de ce qui concernait son époque et sa patrie : il représentait un jeune écolier des jésuites qui disait à son maître qu'au sortir du collège il ne savait que du latin et des sottises. Dans un de ses contes éclatants de verve et d'esprit, le philosophe faisait déblatérer un petit-maître contre l'abus de l'histoire ancienne, du grec et du latin, langues bien inutiles pour la bonne société. Sous une forme légère, le célèbre écrivain répétait les idées qu'avaient bien des hommes sérieux.

Dès 1756 le recteur Bonsen avait envoyé au baron

(1) Il a publié une nouvelle édition de la *Semaine sainte* de Ch. Duvernoy.

de Gemmingen, ministre d'Etat, gouverneur de la principauté de Montbéliard, un mémoire sur les réformes qu'il jugeait nécessaires dans l'enseignement. Les hommes bien doués qui vivaient dans ce pays, ne pouvant employer leurs talents, devenaient « d'une humeur inquiète, chagrine et défiante », qui les poussait à rejeter les meilleurs établissements; d'autant plus que les Montbéliardais, ayant beaucoup d'attachement pour les usages reçus, tenaient pour suspecte toute nouveauté, et aimaient garder les vieux usages, « même lorsqu'ils avaient quelque chose de défectueux, de vicieux, de choquant, de bizarre, d'injuste et de déraisonnable; ils préféraient tout établissement ancien, même ayant quelque chose d'abusif, d'irrégulier, d'inutile, de suranné et de vicieux » *(sic)* (1). Cependant Bonsen jugeait de toute nécessité la création d'un inspecteur des écoles, qui devait avant tout changer certains livres en leur substituant des éditions meilleures. Quant au plan d'études, il devrait être relevé : les maîtres traiteraient au gymnase la langue hébraïque, les principales parties de la philologie, de la philosophie et des mathématiques. On pourrait disposer les leçons ordinaires de façon à faire le même effet que si l'on avait quatre ou cinq classes différentes nouvellement créées. Bon-

---

(1) Le mémoire débutait par cette *prosphonèsis* :

Dictus es a gemmis Gemmingen. Es quoque apud nos
Atque fuisti alibi, Gemma decusque prolis.
Te præsens ætas miratur. Sæcla futura
Certatim tollent nomen ad astra tuum.
Quidquid id est, quod ego, calamo titubante, sine arte,
Conscripsi, et tibi nunc tradere sustineo ;
Hocce mei obsequii accipies, spero, monumentum;
Non injussa etiam scribo dicoque tibi.

sen se contentait de trois classes, mais voulait cinq maîtres, dont un recteur, un corecteur et un sous-corecteur possédant également bien le français, l'allemand, le latin et le grec (c'était beaucoup leur demander); on pourrait, dans un ordre sage et raisonnablement combiné, donner pour aides à ces précepteurs ordinaires l'inspecteur général des écoles, le diacre de l'Eglise française, et un candidat choisi.

Ainsi, Bonsen ne réclamait pas pour les sciences physiques, l'histoire et la géographie. Le Conseil de régence n'était pas entièrement gagné aux idées nouvelles : car en 1761 il repoussait une requête de Gaspard Goguel, candidat en théologie, stipendiaire à Tubingue, qui demandait un *décret* (ou nomination) de professeur en histoire et en mathématiques.

Le conseiller Sahler était le plus innovateur des membres du Conseil, en matière de pédagogie : il disait à propos des devoirs du futur recteur : « Il préférera la culture de leur cœur et de leur esprit à celle de leur mémoire ; il regardera comme peu de chose de n'avoir que des mots dans cette mémoire. Les auteurs ne seront pas regardés seulement comme de bons maîtres de langue : on fera comprendre la beauté et la justesse de leurs pensées. A l'égard des langues, il reconnaîtra ce défaut des écoles, c'est qu'on s'y attachait trop aux langues mortes ; parce que les maîtres les savoient, ils croyoient essentiel de les apprendre à tous les élèves.... Il faut, disait-il, pour chaque génération, à Montbéliard, une sixaine de bons latinistes, trois ou quatre qui sachent le grec, un ou deux pour l'hébreu. Il faut trois ou quatre personnes pour dresser les plans à suivre dans l'Etat et l'Eglise, une trentaine pour les entendre et les exécuter. Mais le plus grand nombre est destiné aux arts, au commerce et à leur perfectionnement : il faut leur enseigner des connaissances usageables. »

Voilà donc le grand mot lancé : je ne puis qu'applaudir *manibus et pedibus* à cette vigoureuse déclaration de principes, et qu'admirer cet esprit si ferme, si vigoureux, si net, ennemi des oripeaux et du clinquant, ami du vrai comme le sont les véritables hommes de science, imbu d'idées pratiques, enfin plein de dédain pour le vide et le superficiel d'une fausse culture. Ce conseiller était en avance de cent ans sur son époque, et la plupart de ses collègues en retard d'un même nombre d'années. Malheureusement il ne pouvait être compris de tous les routiniers de la ville; et, après les orages de la Révolution, il y aura encore une réaction en pédagogie comme en politique.

Non sans raison déjà l'enseignement classique était critiqué : son insuffisance était certaine, parce qu'il n'avait point changé lorsque tout changeait autour de lui : les méthodes suivies à Montbéliard en 1768 étaient à peu près celles de 1559. Quelles améliorations avaient été faites? C'est à grand'peine que les visiteurs avaient obtenu qu'on ne fît plus apprendre par cœur les préceptes de logique et de rhétorique, tâche éminemment fastidieuse; que des interrogations plus fréquentes fussent faites, ainsi que des leçons orales plus intéressantes que les dictées; que des leçons fussent régulièrement apprises par cœur à la maison par les élèves des deux classes inférieures, qui sans cela s'abandonnaient à la paresse et à la dissipation : l'application des règles ne suffisait pas pour des écoliers inattentifs; s'ils devaient les rédiger par écrit, en faire la répétition, et la traduction de la leçon de l'auteur : cela demanderait, pour le moins, les trois heures de la classe; outre que, n'apprenant pas de mots, l'explication leur deviendrait ou inutile ou impossible. A force de recommander les lectures et leçons à la maison, on avait obtenu, vers 1740, des élèves qui cultivaient avec succès la latinité, et commençaient à entendre le grec du Nouveau Testament; quelques-uns faisaient avec goût des vers latins ou français; mais il y avait d'ordinaire une grande différence entre les élèves de la première promotion de la haute classe, ou *vétérans*, et ceux de la seconde ou *néophytes*. Quant aux élèves de la seconde classe, ils savaient passablement les règles des étymologies, et celles de la syntaxe; ils commençaient à en faire l'application dans de petites versions latines; les éléments de la langue grecque étaient aussi étudiés dans cette classe, comme ceux de la langue latine dans la classe inférieure. N'oublions pas que certains vétérans restaient plusieurs années dans la première division ou promotion de la classe supérieure et pouvaient ainsi se perfectionner.

Comment se faisait une classe? Quels procédés suivait le maître? Prenons par exemple la seconde classe. Dès qu'il était entré cinq ou six écoliers, le premier prenait la place du précepteur dans la chaire, et après une courte prière, « sainte préparation à la lecture de la parole de Dieu », il lisait un chapitre de l'Ecriture: pendant ce temps, le second élève était censeur jusqu'à l'arrivée du maître; il devait faire à celui-ci un rapport fidèle de ce qui s'était passé pendant son absence. Une courte prière terminait la lecture de l'Ecriture sainte. Tel était l'esprit d'alors : l'école avait conservé, grâce à sa direction par des pasteurs, ce caractère religieux qu'elle avait au XVI° siècle; le recteur qui précéda Dubois avait même réclamé plus de temps pour les cours de religion, nécessaires à des jeunes gens qui devaient avoir un jour beaucoup d'influence dans l'Eglise et dans l'Etat, à ceux qui se destinaient au saint ministère, comme à ceux qui se proposaient d'étudier le droit ou la médecine, parce que, si « les jeunes gens sortaient du gymnase sans avoir des connaissances solides et approfondies de la religion, ils couraient risque de n'en avoir jamais : peut-être même de n'en apprendre les dogmes que par les livres et les discours des libertins qui les attaquaient. »

Lorsque le maitre était dans sa chaire, il commençait par faire réciter une partie du catéchisme; puis, tous les élèves étant présents, une prière ouvrait encore la leçon ordinaire. Les élèves récitaient les collogues de Lang: le maitre les aidait et leur demandait, en français, ce qu'ils devaient dire en latin. On repassait deux ou trois pages de la syntaxe : le précepteur demandait les exemples en français pour qu'on lui répondit en latin, en faisant observer ce qui dans l'exemple a du rapport avec la règle. La leçon de syntaxe était ensuite récitée. Puis suivait la récitation d'une page des verbes placés devant chaque conjugaison (avec leurs temps primitifs); les écoliers retenaient ainsi les principaux temps des verbes; on s'exerçait en parcourant un verbe par ses modes, temps et personnes. On répétait quelques pages de l'étymologie, où l'on faisait souvent entrer une répétition de déclinaisons; puis des phrases de Castellion étaient mises en latin par des écoliers. Ils faisaient l'analyse grammaticale des mots de la leçon du jour précédent, puis ce que nous appelons l'analyse logique (par les règles de la syntaxe). Le précepteur expliquait Castellion et faisait continuer l'explication, non préparée; mais il aidait ses élèves au besoin; ceux-ci devaient apporter le lendemain le français de ce qu'ils avaient préparé. Ainsi, des exercices singulièrement variés remplissaient les trois heures de classe. Il paraît qu'après l'explication, le professeur proposait souvent des phrases tirées de ce qui avait été expliqué, et les élèves les énonçaient en latin; mais très souvent ils faisaient des fautes. On suivait encore la vieille coutume de leur faire apprendre par cœur des mots latins tirés du vocabulaire de Cellarius.

Le maître, après s'être occupé de la première promotion, passait à la seconde, rangée sur d'autres bancs et composée de néophytes ou commençants: il leur faisait réciter les éléments de la grammaire, les mots du colloque latin de Lang, les déclinaisons avec un substantif et un adjectif réunis *(puer bonus)* et les verbes, qu'ils avaient appris déjà. Mais souvent la deuxième et la troisième promotion d'une classe étaient fort négligées: c'est le défaut inhérent au vieux système des classes géminées, qui existe encore dans quelques petits collèges. Trois maîtres qui se partageaient une cinquantaine d'élèves de force différente ne pouvaient agir autrement.

La sortie se faisait à onze heures, et le maître devait la surveiller du seuil de la porte. Officiellement, la rentrée des élèves devait se faire à midi; mais comme bien des parents dînaient à cette heure, beaucoup d'enfants n'arrivaient qu'à midi trois quarts ou même après, lorsque le précepteur était dans sa chaire depuis longtemps déjà, et s'évertuait à corriger les devoirs en classe, non sans quelque désordre causé par les élèves déjà présents.

Après « la lecture de la parole de Dieu », le lundi on corrige le thème dicté le vendredi; le mardi, le maître dicte un thème ou en reprend un vieux pour voir si les écoliers ont profité; le mercredi, de même; le jeudi, après la leçon du matin, il dicte un thème qui doit être fait le soir à la maison (ce mot *thème* désignait alors aussi les *versions);* le vendredi, avant que d'aller à l'église, il leur fait réciter leur tâche dans les passages, le *Livret des communiants* et les *Psaumes* ou les *prières.* Ensuite il y a une catéchisation à l'église, et la cloche en marque la fin. L'après-midi le maître corrige le thème du jeudi; il est repassé et analysé; puis un autre est dicté sur l'évangile ou l'épître du jour suivant. Le corecteur Morlot disait en 1771 que le grand nombre des écoliers ne permettait plus une leçon de géographie et d'histoire par semaine (1).

Dans la classe inférieure on étudiait les éléments du latin et le français; dans la classe supérieure l'explication des auteurs grecs et latins se faisait d'après le système suivi par la seconde classe. Mais là florissaient les exercices variés : vers latins et vers français pour les plus avancés, discours français et discours latins. Le maître dictait parfois un plan.

Les écoliers de la haute classe s'assimilaient plus ou moins bien les règles de la logique; ils donnaient de temps en temps des *chries,* c'est-à-dire des développements d'une pensée de plusieurs manières différentes. Les principes de morale qu'ils avaient appris, ils en rendaient raison d'une ma-

(1) *Archives du Doubs,* E. 84.

nière satisfaisante lorsque les visitateurs les interrogeaient, du moins à de rares exceptions près. Les vers latins leur plaisaient généralement moins que la musique vocale ou chant des psaumes : cela est facile à comprendre, car pour apprendre à chanter des psaumes, il n'est pas besoin d'une aussi grande contention d'esprit et d'aussi longues études. Il est d'ailleurs bien difficile d'apprécier la force de la classe supérieure, où il n'y avait parfois que de jeunes néophytes, lorsque les vétérans, stipendiaires depuis 2 ou 3 ans dans la première promotion, partaient tous à Tubingue : quant aux étrangers, il leur était sans doute pénible de faire des vers français. En 1749 il y avait 18 élèves dans la première classe, dont six étrangers ; en 1750, quinze dont cinq étrangers ; en 1752 la seconde classe a trois étrangers sur dix-huit élèves ; en 1763 la première en a six à côté de vingt-quatre enfants du pays. Grâce à sa position géographique, Montbéliard attirait un certain nombre d'élèves alsaciens, Suisses ou originaires du margraviat de Bade et du Wurtemberg ; presque tous les maîtres montbéliardais savaient l'allemand, et par réciprocité des maîtres alsaciens venaient enseigner à Montbéliard.

En 1771, on ne songeait point à supprimer les vers, les discours français et latins. Mais le Conseil de régence souhaitait seulement une meilleure répartition des matières à enseigner. Les conseillers Rossel et Goguel cadet firent au prince un rapport sur les écoles françaises et le gymnase, communiquèrent aux visiteurs et aux précepteurs des écoles publiques le nouveau plan d'instruction lu et proposé à la séance du 20 août, et reçurent leurs observations. D'après les deux conseillers rapporteurs, il a été décidé de réunir en une les deux promotions de chaque classe latine (1), attendu que le nombre des élèves avait diminué d'un tiers depuis la dernière visite; de supprimer les petites écoles illicites soustraites à l'inspection des visiteurs, et tenues par des particuliers peu préparés au rôle d'instituteurs, « ennuyés de leur métier primitif, que la paresse, l'appât du gain et l'inconstance leur ont représenté comme trop pénible ou trop ingrat »; d'obliger le procureur Scharfenstein, maître de l'école préparatoire, à mettre ses élèves en état d'entrer dans la dernière classe; de faire remettre chaque trimestre au surintendant par les soins des anciens, une liste des enfants de chaque quartier âgés de 6 à 15 ans, pour qu'on punisse par une amende au profit des pauvres les parents qui ne les envoient pas aux écoles « *sans y suppléer par des maîtres domestiques* »; d'obliger les enfants à porter leurs manteaux à l'église, de faire apprendre aux *abécédaires* les diphthongues ou voyelles composées; de faire étudier chez eux, aux enfants sachant lire, des passages de l'histoire, outre les psaumes ou les *Sonnets* de Drelincourt; de substituer aux colloques de Lang dans la dernière classe latine les *Selectiones ex colloquiis Langii, Castallionis et fabulis;* de remplacer dans la haute classe par les thèmes de Rœsler le Traité de Burlamaqui sur le droit des gens. Ainsi, les réformes s'appliquaient à toutes les écoles sans exception : car elles étaient jugées, ces écoles, être toutes de la même importance, et non sans raison.

Les observations des maîtres firent rayer plu-

---

(1) Il me semble que ces détails étaient de la compétence du recteur Dubois et non du Conseil de régence.

sieurs passages des *tabelles* ou programmes, qu'on fit imprimer comme en 1728 en assez grande quantité, pour donner en public une idée du système d'enseignement. Morel, précepteur de l'école française supérieure, dit que les occupations prescrites à ses écoliers dans sa tabelle sont au-dessus de leur portée. David Duvernoy, sous-corecteur, demande que les initiants ne soient point obligés d'expliquer le latin dans sa propre construction (1), réclame l'analyse grammaticale, la répétition du catéchisme à apprendre par cœur à la maison, la suppression des lettres familières à composer. Le corecteur obtient l'abandon de la lecture journalière et de l'explication d'un chapitre de l'Ecriture : on se contentera dans sa classe et la classe inférieure de faire lire et expliquer les samedis matin tant l'Evangile que l'épître du dimanche suivant, et de dicter un thème si le temps n'a pas permis de le faire le jour précédent.

Le recteur veut faire expliquer les *Morceaux choisis des anciens,* par Teufel, et promet de consacrer quelques demi-heures à l'étude des antiquités romaines; il réclame pour la bibliothèque du gymnase, réservée alors aux maîtres, la Géographie de *Busching* (2), un grand Atlas, les œuvres de *Rollin* et celles de *Burlamaqui.* Il veut pour les élèves la rhétorique de Lamy et l'excellent *Selectœ* de *Heuzet,* recueil des plus beaux endroits des auteurs

---

(1) Ce qui ne peut guère être exigé qu'au bout d'un an, ce me semble.

(2) Busching (1724-1793), professeur à Gœttingue, puis directeur du gymnase de Berlin, publiait alors une *Description de la terre* (de 1754 à 1792) qui fut traduite dans toutes les langues et très estimée, même en France. Le Montbéliardais Georges-Louis Kilg l'a traduite en partie (1780).

anciens, « qui fournit des traits d'histoire et de morale sur lesquels ils s'exerceront de temps en temps à composer de petits discours. » Après avoir sagement pris de cette façon l'avis de tous les maîtres du gymnase et de l'école française, les visiteurs firent imprimer et publier les *tabelles* : ainsi, à cette époque où la centralisation était ignorée, l'avis des maîtres était demandé pour la publication d'un nouveau programme : c'est un système assez oublié pour qu'on le rappelle.

Je cite le texte manuscrit de la tabelle, avec les corrections.

	AVANT MIDI			
Lundi	Mardi	Mercredi	Jeudi	Vendredi
1re heure : Examen sur la lecture domestique prescrite le vendredi. 2e h. : Leçon de logique suivant celle de Layritz, et après ce cours successivement on enseignera les éléments de l'ontologie et de la métaphysique. Thèses à dicter pour un exercice disputatoire. 3e h. : Leçon en droit naturel sur les thèmes de Rœsler. A lire à la maison le petit Puffendorf ou Burlamaqui. (Articles rayés : 1re h. : (b) Observations du recteur sur les principaux articles de cette lecture; (c) correction du thème dicté le vendredi. 2e h. : (a) Explic. de Tite-Live; (b) explic. par le recteur d'extraits d'antiquités tirés de Bossuet,	1re h. : (a) Explic. des plus belles oraisons de Cicéron; (b) plan d'un discours tantôt latin, tantôt français. 2e h. (a) Récapitulation de la précédente leçon en morale; (b) leçon de morale suivant les thèses de Rœsler (ou plutôt le traité de Burlamaqui). 3e h. : Leçon sur les premières notions de l'ontologie (et de la métaphysique dans les dernières années). (Traduction d'une épître de Cicéron, à corriger de suite).	1re h. : Leçon sur les antiquités romaines de Nieuport. 2e h. (a) Explication (de Virgile et successivement d'Horace); (b) Explic. par le recteur des traits de mythologie et d'antiquités qui s'y présenteront (et dont on donnera des extraits ; après quoi, si l'on a du temps de reste, on expliquera une partie des recueils de Heuzet).	1re h. : Le Compendium de Leusden. (Rayé : Explic. de l'Evangile grec selon Saint-Luc et ensuite des actes des Apôtres). 2e h. : Trad. de quelques périodes de la Cyropédie, ou de Théophraste (rayé : auquel effet le recteur tiendra lieu de dictionnaire aux écoliers.) 3e h. : (a) Correction de lad. traduction; (b) thème français en histoire ou morale pour traduire à la maison en latin, avec quelques vers français ou latin suivant les dispositions des écoliers (qui pourront en faire.) (c) Tâche à prescrire des meilleurs orateurs, poètes ou autres français pour lire à la maison (tels que Thomas, Fléchier, Bossuet, Saurin, Rollin.	On fera rendre compte du sujet de la catéchisation du jeudi précédent suivant un cours de théologie en forme de nouvelles instructions catéchétiques, et on corrigera le thème du jeudi matin. (Rayé : Instruction suivie sur l'histoire sacrée jusqu'à l'heure du sermon, où les écoliers seront conduits).

3ᵉ h. : (a) Collège sur l'histoire de Bossuet, après lecture domestique ; (b) observations du recteur sur l'ordre chronologique et l'usage de la carte ; (c) un thème historique pour traduire à la maison, à l'imitation de Tite-Live, chaque quinzaine.)					

APRÈS-MIDI

1ʳᵉ h. : (a) Correction du thème dicté vendredi (rayé : de la traduction prescrite le matin). 2ᵉ h. : (a) Explicat. de Tite-Live (rayé : leçon de logique). 3ᵉ h. : Leçon en droit naturel sur les thèses de Rœsler (ou le traité de Burlamaqui. On dictera un thème, tantôt français, tantôt latin, à l'imitation de l'auteur).	1ʳᵉ h. : Correction du thème du lundi (rayé : examen sur tous les objets d'histoire de la précédente leçon). 2ᵉ h. : Cours de géogr. sur les cartes. 3ᵉ h. : Leçon sur la Rhétorique du Père Lamy.	1ʳᵉ h. : Exercices poétiq. (soit latins, soit franç.) 2ᵉ h. : Correction des essais de poésie de la précédente heure. 3ᵉ h : On dictera un thème pour être corrigé le vendredi (rayé : opérations sur les règles composées de l'arithmétique).		1ʳᵉ h. : (Rayé : examen sur les sermons du matin, avec des observations relatives). (a) Examen sur les lectures domestiques du jeudi. (b) Courte récapitulation des leçons de la semaine. (c) On dictera sur l'Evangile un thème français pour le traduire à la maison, avec quelques vers de la part de ceux qui auront des dispositions. Tâche à prescrire pour une lecture domestique.	

Distribution des leçons pour la deuxième classe latine.

PREMIÈRE PROMOTION — AVANT MIDI				
Lundi	Mardi	Mercredi	Jeudi	Vendredi
1re h. : (a) Explic. de Salluste et ensuite de Tite-Live ; (b) (rayé : phrases à traduire en latin, à l'imitation de l'auteur, à la maison). 2e h. : A rédiger par écrit de la part des écoliers la traduction faite de vive voix. 3e h. : Correction de cette traduction (rayé : leçon eu histoire).	1re, 2e et 3e h. : Mêmes occupations qu'à celles du lundi. 3e h. : (Rayé : leçon géogr. à l'aide de la carte pour faciliter).	1re h. : Explic. de Virgile avec l'application des règles de la prosodie, et l'explication des traits de mythologie, par le dict. de la Fable qui restera à l'école. 2e et 3e h. : Mêmes occupations que lundi et mardi. 3e h. : (Rayé : exercices d'arith.)	1re h. : Explic. du Nouv. Testament grec, avec une analyse grammaticale. 2e h. : Rédaction par écrit des paroles, analyse des phrases du texte. 3e h. : Correction de cet ouvrage. Thème à dicter pour être trad. à la maison. (Rayé : Leç. de logique.)	Correction du thème du jeudi et instructions catéchétiques (au lieu d'aller au sermon). (Rayé : Jusques à l'heure du sermon, où les écoliers seront conduits.)
APRÈS MIDI				
1° Correction du thème du vendredi. 2° A dicter une version de la composition du précepteur. 3° A faire rendre compte par les écoliers de la lecture prescrite le vendredi.	1re h. : On dictera un thème français relatif au texte de l'auteur expliqué le matin, pour être traduit en latin et incessamment corrigé.	Exercices poétiques ou oratoires, latins ou français, qui seront d'abord corrigés.		Thème français à dicter sur l'histoire pour être traduit à la maison en latin, et le surplus de cette leçon sera employé comme ci-dessous pour la 2e promotion.

SECONDE PROMOTION — AVANT MIDI

Lundi	Mardi	Mercredi	Jeudi	Vendredi
1ʳᵉ h. : A composer tantôt en français, tantôt en latin, une lettre sur un sujet donné. 2ᵉ h. : Explic. de Corn. Nepos et des comment. de César, sans déranger la construction latine (s'il se peut). 3ᵉ h. : Correction des lettres rédigées pendant la 1ʳᵉ heure. (Rayé : leçon en histoire).	1ʳᵉ h. : A rédiger par écrit la trad. de la leçon de la 2ᵉ heure du lundi. 2ᵉ h. : Explic. de Corn. Nepos et de César. 3ᵉ h. : Correction de la trad. faite pendant la 1ʳᵉ heure (rayé : leçon de géographie à l'aide de la carte).	1ʳᵉ h. : A rédiger par écrit la trad. du latin de la précédente leçon. 2ᵉ h. : Explic. de Phèdre, et ensuite des morceaux choisis de Térence. Application des règles de prosodie et éclaircissement sur les traits de mythologie. 3ᵉ h. : Correction de la trad. faite dans la 1ʳᵉ heure.	1ʳᵉ h. : A rédiger par écrit la trad. du latin de la leçon precédente. 2ᵉ h. : Leçon sur les premiers rudiments de la grammaire grecque de Port-Royal. 3ᵉ h. : Correction de la trad. de la 1ʳᵉ h. Thème à dicter. (Rayé : leçon sur les termes généraux de la logique ; trad. de quelques périodes de l'auteur classique et lecture domestique à prescrire).	Même leçon que la précédente promotion.

APRÈS MIDI

1° Correction du thème du vendredi. 2° Autre version à dicter par les précepteurs. 3° Examen sur la lecture prescrite le vendredi.	On dictera un thème latin composé des phrases de l'auteur classique, pour être traduit en français et corrigé dans la même leçon.	Exercice de poésie ou d'éloquence latine à corriger dans la même leçon.		Examen sur la lecture prescrite le jeudi. Récapitulation des leçons de la semaine ; thème à dicter comme le jeudi ; lecture domestiq. à prescrire.

PREMIÈRE PROMOTION — AVANT MIDI				
Lundi	Mardi	Mercredi	Jeudi	Vendredi
1ʳᵉ h. : Examen sur la lecture et correction des opérations faites le vendredi. 2ᵉ h. : Explic. des endroits choisis de Castalion, avec l'explic. des règles de la syntaxe, que les écoliers rédigeront par écrit, et successivement des Selectiones ex colloquiis Langii, Castalionis et fabulis ; (rayé : les colloques de Lang, le Latium in compendio, l'Orbis pictus, les colloques de Mathurin Cordier). 3ᵉ h. : Répétition des mêmes règles par les écoliers seuls, qui rédigeront ensuite la traduct. française du latin qu'ils auront expliqué ; (rayé : leçon sur l'hist. univ. selon Formey : examen sur la lecture prescrite le lundi.	Mêmes occupations que le lundi, excepté la 1ʳᵉ heure, qui sera employée à faire dire des phrases, analyses, conjugaisons, etc., proportionnées aux forces des écoliers.	Mêmes exercices que le mardi.	1ʳᵉ h. : Lecture préalable d'un chap. de la Bible, sur lequel on fera quelques questions. 2ᵉ h. : Instructions catéchétiques sur la religion, tâche à prescrire pour apprendre à la maison, du petit catéchisme, du livret des communiants, un sonnet de Drelincourt, ou une fable de La Fontaine ; exercice d'écriture ; déclinaison ou conjugaison à rédiger par écrit, et, lorsqu'ils en seront capables, un petit thème, à la maison ; et phrases latines à traduire à la maison. 3ᵉ h. : Comme la 1ʳᵉ des mardi et mercredi.	1ʳᵉ h. : Lecture d'un chapitre de la Bible. 2ᵉ h. : Récitation du catéchisme, du livret des communiants, et instruction catéchétique (rayé : jusqu'au temps du sermon où les écoliers seront conduits). 3ᵉ h. : Comme la 1ʳᵉ des mardi et mercredi.

APRÈS MIDI				
Lundi	Mardi	Mercredi	Jeudi	Vendredi
1ʳᵉ h. : Correction des trad. et compositions du matin, et après cela des déclinaisons et conjugaisons. (Rayé : 2ᵉ et 3ᵉ h. mêmes exercices qu'à la 1ʳᵉ du matin.)	Mêmes leçons que le lundi.	Mêmes leçons que les lundi et mardi.		Récitat. des Sonnets ou fables prescrites le jeudi ; correction des déclinais., conjugaison et phrases prescrites le jeudi. Récap. des leçons de la semaine. Déclin. conjug. et phrases à prescrire pour rédiger et trad. à la maison ; et lecture dans les Magasins de Mᵐᵉ de Beaumont ou autre bon livre.

SECONDE PROMOTION — AVANT MIDI *(lundi)*

1ʳᵉ h. : Examen sur la lecture et correction des exercices prescrits le vendredi.
2ᵉ h. : Les écoliers transcriront alternativement l'hist. de la Bible par Royaumont, ou quelque autre livre instructif, ou on leur fournira le sujet d'une lettre qu'ils composeront d'abord.
3ᵉ h. : On leur enseignera les déclinaisons et ensuite les conjugaisons et on leur proposera plus d'exemples qu'il y en a dans la grammaire ; et on leur donnera des déclinaisons et conjugaisons à apprendre à la maison, pour leur en demander à la même heure de la leçon suivante les mots tantôt latins, tantôt français, sans suivre d'ordre.
Pour les autres jours, mêmes leçons du matin que la première promotion, sauf les phrases à traduire et le thème.

APRÈS MIDI

Correction des lettres composées par les écoliers pendant la 2ᵉ heure de la leçon du matin, en leur faisant observer les règles auxquelles ils auront	Mêmes leçons que celles de la 1ʳᵉ promotion, ex-

Un événement plus important pour le gymnase que la publication de ces nouveaux programmes, ce fut la création d'une chaire de sciences, en faveur de Jean-Georges Surleau, pour le dédommager de n'avoir point le rectorat (10 août 1771). Brillant élève de Sartorius et de Kies, il avait enseigné cinq ans les mathématiques; ses talents le firent choisir de préférence à un candidat plus ancien, Léopold-Frédéric Fallot. Avec le titre de lecteur en histoire, géographie et mathématiques, il fut le seul professeur de sciences du gymnase. Tout d'abord il donnait deux heures d'histoire et géographie le matin, deux autres le soir; de huit à neuf il enseignait la géométrie. Bientôt le jeune maître dut réclamer pour que l'on n'envoyât aux leçons de géométrie que les élèves assez forts en arithmétique: cette heure de classe avait été un moment commune à tous, absurde système s'il en fut, puisque les plus jeunes élèves ne pouvaient profiter de ces leçons, trop au-dessus de leur portée. Surleau faisait succéder à l'étude de la géométrie celle de la trigonométrie, de l'algèbre, de la géométrie sublime (*sic*), et enseignait quelques principes de mathémaques, d'après l'abrégé de Wolff (1). Ce programme était bien chargé pour un petit nombre d'heures. Le 25 septembre 1771, le ministère de la ville obtint une réglementation nouvelle des leçons du candidat Surleau. Pendant le semestre d'hiver, les leçons de mathématiques avaient lieu de 10 à 11 tous les jours de la semaine; le jeudi, il y avait cours de géographie de 1 à 2; en été les leçons de mathématiques avaient lieu de 9 à 10, les leçons de géogra-

---

(1) Le célèbre disciple de Leibnitz (1679-1754) avait publié un *Dictionnaire de mathématiques*.

phie et d'histoire toutes les après-midi, de 5 à 6, sauf le jeudi soir, où les écoliers avaient vacances (1).

Surleau recevait de la recette des églises 400 francs par an, avec 40 quartes de froment depuis 1773, époque où il enseigna l'hébreu à quelques jeunes gens de la classe supérieure, destinés au saint ministère. En 1780, comme il payait 120 livres pour son loyer, car il n'était point logé au gymnase avec les trois maîtres, on lui accorda une indemnité. Sa charge devint alors viagère, au lieu d'être un emploi provisoire n'assurant point une position fixe à son possesseur. Il eut enfin le même traitement qu'un ministre de la ville : 210 livres, 144 quartes de froment et autant d'avoine, sur le rapport du surintendant-adjoint Duvernoy (2).

Le niveau des études se relevait donc heureusement sous le rectorat de Dubois : les vœux des amis des sciences étaient en partie réalisés.

Le nombre des élèves avait augmenté rapidement depuis qu'un recteur actif et dans la force de l'âge dirigeait le gymnase : ce nombre était brusquement remonté de 36 à 55, en vertu du vieil adage : tout nouveau, tout beau (3).

(1) *Archives du Doubs*, E, 84.
(2) *Archives du Doubs*, E, 78. La Recette acheta un atlas, un tableau noir, et pour la somme de 24 livres un globe terrestre revêtu des pièces qui y sont jointes : l'horizon, le méridien de laiton, un cercle horaire du même métal, parce que « la théorie de la sphère serait toujours un mystère sans le secours de ce globe. » (13 mars 1775). La nécessité de l'enseignement par les yeux était donc fort bien comprise.

(3)

Année	Nombre des élèves	1re classe	2e classe	3e classe
1769	55	13	16	26
1770	52	18	16	18
1771	54	18	17	19
1772	37	13	11	13
1773	44	11	11	22

Le recteur et ses professeurs (Jean-Georges Lalance, David Duvernoy, Jean-Georges Surleau),
étaient des hommes capables, dévoués et pleins de
zèle. Cependant les visitateurs, eu 1770, trouvaient
qu'il y avait moins d'élèves dont on eût lieu d'être
content que d'enfants dont les progrès étaient *fort
chétifs et les mœurs fort répréhensibles;* ils rendaient hommage pourtant à l'érudition du recteur,
aux bonnes intentions du sous-corecteur, et reconnaissaient que les deux classes supérieures, qui
suivaient les leçons de Surleau, faisaient des progrès notables en mathématiques et en géographie.
En 1771 et 1772 ces progrès furent signalés dans
toutes les classes; les visiteurs firent désormais
certer (certare, lutter, composer) toutes les semaines et non tous les mois. Le gymnase était dans
un état prospère, quand le recteur Dubois fut em-
porté par une courte maladie (16 janvier 1773): ce
pasteur, « qui s'était abstenu du mariage pour se-
courir sa mère indigente », fut beaucoup regretté
pour ses vertus et ses talents. A ses obsèques, les
élèves lurent une pièce de vers qui déplorait sa
perte (1).

C'est ainsi que les jeunes gymnasiastes brillaient
en certaines occasions. A l'époque du recteur Dubois, les vers et les discours français étaient seuls
en honneur dans les cérémonies publiques où pa-
raissaient les élèves; mais c'était une innovation.
Les deux recteurs qui l'avaient précédé à la tête du
gymnase avaient des vues plus ambitieuses et faisaient briller le talent des jeunes polyglottes par
des exercices français, latins, grecs, allemands et
hébreux. Ces fêtes avaient lieu soit dans la grande

(1) Cette pièce est à la bibliothèque de Montbéliard.

salle ou auditoire publique du gymnase, soit dans le temple Saint-Martin ; au temps de Megerlin (de 1729 à 1735) c'était pour les grandes fêtes de l'année, comme l'Ascension, Noël, Pâques, ainsi qu'à l'occasion de l'anniversaire du prince régnant, qu'un programme imprimé était répandu dans la ville par les soins du recteur, et invitait toutes les personnes qui s'intéressaient à l'instruction de la jeunesse. Il est permis de supposer que les maîtres retouchaient à loisir les travaux de leurs élèves, qui d'ailleurs n'étaient point publiés, afin d'en faire disparaître les plus grosses fautes tout au moins. Quant aux représentations dramatiques, elles furent pour toujours abandonnées, car on ne peut donner ce nom à l'exercice public qu'on vit le 24 janvier 1739 : à l'occasion du traité de Vienne, quatre élèves parurent l'un après l'autre sur la scène. Le premier, Jeanmaire, costumé en Mercure, vient annoncer la paix. Le second (Titot) parle de la joie universelle qui accueillait la paix rendue au monde chrétien. Puis Bellone et la Paix (Blanchot et Méquillet) apparaissant à leur tour, font leur propre apologie. disent en quoi elles sont utiles aux hommes ; enfin Bellone vaincue se retire, et la Paix (Irène) triomphe, aux acclamations unanimes du public. La représentation se termine par un chœur en l'honneur de la Paix et de l'Eternel, prince de la paix (*princeps pacis*). Cet exercice dramatique est exceptionnel et mêlé d'ailleurs à des vers et à des discours.

Je ne crois pas qu'on ait imprimé les programmes de ces fêtes avant l'année 1730 : car aucun de ceux qui nous ont été conservés n'est antérieur à cette année. Il s'en trouve un assez bon nombre dans la collection Duvernoy à Besançon et dans la collection Wetzel à la bibliothèque : le plus ancien est de 1730, le plus récent de 1792. Ici encore je crois nécessaire de faire une digression ; car ces vieux documents nous donnent une idée du caractère des études au XVIIIe siècle et nous font voir comment la jeunesse était habituée à rédiger pour le prince des flatteries souvent hyperboliques : tous les souverains de Montbéliard n'ont pas mérité au même degré l'amour de leurs sujets.

Le premier de ces documents est intitulé : *I. N. R. I. Genethliacus dies quinquagesimus quintus serenissimi principis atque Domini Domini Eberhardi Ludovici* (1). Je l'ai reporté en entier aux pièces justificatives, car il est fort curieux pour les érudits. Les programmes sont beaucoup moins détaillés qu'à l'époque de Megerlin depuis 1736. Le 11 février 1741, L.-E. Bonsen déplore en quelques vers latins la mort de l'empereur Charles VI, et prie la Providence de protéger toujours la maison de Wurtemberg. Le gymnase célèbre le jour de naissance de Charles-Eugène, âgé de 12 ans. Les exercices roulent tous sur la vanité des grandeurs humaines. Peu après éclatait la guerre de la succession d'Autriche. Le 11 février 1743, les élèves déplorent les maux de la guerre, qui désole alors l'Europe, célèbrent les bienfaits d'une heureuse paix, et souhaitent au prince une prospérité perpétuelle. Montbéliard, cette fois, restait dans une stricte neutralité, et le pays ne souffrit point de ces luttes. Le 5 mai 1745, à l'occasion du serment de fidélité prêté par les bourgeois au duc Charles Ier, par devant Wilhelm-Eberhard Faber, les élèves de la classe supérieure, stipendiaires, lisent des vers latins et français. Les vers français sont les moins bons :

(1) Cinquante-cinquième anniversaire de la naissance du sérénissime prince et seigneur Eberhard-Louis.

Toi, qui, jadis, daignas d'Horace
Favoriser les doux accords,
Apollon, descen du Parnasse,
Et vien seconder mes transports ;
Je veux, dans l'ardeur qui m'anime,
Chanter d'un prince magnanime
Ce qui doit seul l'éterniser... etc...

On ne fêtait pas seulement les anniversaires. Le 11 février 1749, les élèves célèbrent le mariage du duc Charles avec Elisabeth-Sophie-Frédérique-Wilhelmine, fille de Frédéric, margrave de Bayreuth. Quelques élèves doivent faire l'éloge de la paix, par un discours français, un discours latin, etc. Jusqu'à 1770 tous ces exercices se ressemblent et les prospectus sont en langue latine. A partir de 1770 (1), les prospectus sont rédigés en français ; déjà se perdaient les bonnes traditions ! Ces prospectus, sortis de l'imprimerie ducale, sont extrêmement brefs. En voici un spécimen, qui me paraît caractéristique.

PROSPECTUS,

Ou ordre des discours, qui seront prononcés le 12 février 1770, par un certain nombre d'écoliers du gymnase de Montbéliard, pour célébrer l'heureux anniversaire de la naissance de Son Altesse Sérénissime Monseigneur le Duc Régnant de Wurtemberg, notre très gracieux Prince et souverain.

I. Prologue. En françois.
II. Extrait d'une déclamation d'Isocrate,
    contre les sophistes de son temps. . Titot.

(1) Epoque du recteur Dubois.

III. Discours dans lequel on fait voir combien les conséquences de l'athéisme et de l'irréligion sont dangereuses et nuisibles à la société . . . . FERRAND.
IV. Observations sur l'industrie que la Providence a mise dans les Insectes, tirées en particulier de l'histoire naturelle de l'Abeille, de la Fourmi et de l'Araignée. En latin . . . . . . MASSON.
V. Essai d'un éloge de l'agriculture et de la vie champêtre, En vers françois . BINNINGER.
VI. Discours, ou Dissertation sur la nature, les différentes branches, et l'usage du plaisir. . . . . SAHLER.
VII. L'honneur, représenté comme un secours contre le vice, et un soutien de la vertu. Poème français. . . . . . MOREL.
VIII. Discours sur les Loix de la conversation . . . . BEURNIER.
IX. Maximes, qu'un jeune homme doit suivre dans le choix de ses amis, et dans sa conduite à leur égard. En vers latins . . . . BINNINGER.
X. Que les arts et les talents unissent les hommes, ou forment les sociétés. Poème françois . . . . MÉQUILLET.
XI. Réflexions sur la vie humaine et sur les avantages que les sciences lui procurent . . . . MENOTH.

(Plusieurs de ces discours, au temps de Voltaire et de Diderot, sont réellement d'actualité)... Le 11 février 1773 les écoliers, après un hommage à la mémoire du recteur Dubois, parlent: Sur la santé, sur le vrai bonheur, qui consiste à faire des heureux, sur le silence, sur l'espérance, sur les fruits de la poésie, sur les avantages d'une bonne éducation, sur l'inconstance de la fortune ; on termine par des vœux pour le prince.

En 1779 on lit un discours latin sur le respect dû à la jeunesse; deux élèves discutent cette question : faut-il faire concourir les jeunes écoliers; un troisième conclut; un autre parle sur les récréations et amusements; puis les derniers exposent l'accord de la religion avec l'étude du droit et de la médecine. En 1787, l'acte oratoire roule sur l'utilité de la raison, et les moyens de la perfectionner; on insiste sur les avantages que procure l'esprit philosophique. Le dernier acte oratoire (11 février 1792) traite de la gloire la plus solide des princes, qui est faite du bonheur des peuples ; de l'ordre régnant dans l'univers, de la justice, de la religion, du luxe. Le dernier élève récite une ode sur la patrie, et en particulier sur la devise de la ville : *Dieu seul est mon appui;* il termine par des vœux pour les Pères de la patrie, Charles et Frédéric... (1) C'est donc jusqu'à l'année 1793, peu avant la fermeture du collège, que les élèves firent en public des exercices oratoires, plus utiles assurément que la représentation de ces tragédies de collège tant aimées des enfants de l'école latine au XVI° et au XVII° siècles. En outre, les plus distingués des rhétoriciens unissaient l'amour des lettres à un goût prononcé pour les sciences.

Au temps des derniers princes de Montbéliard,

---

(1) *Coll. Duvernoy.* Les visitateurs constataient en 1792 que les actes oratoires font perdre du temps, et qu'il fallait les réserver pour ceux qui étaient en état de composer eux-mêmes leurs discours ou allaient quitter l'école.

les actes ne se tenaient plus dans l'auditoire, ou grande salle du gymnase, mais bien au temple Saint-Martin. L'élève montait dans la chaire du prédicateur, et, en présence d'une nombreuse assemblée, il faisait lecture de son œuvre, préalablement corrigée par le recteur; le prince, assis dans un grand fauteuil, les mains sur la paume de sa canne et le menton appuyé sur les mains, écoutait gravement les éloges dont l'élève le comblait, et savourait avec volupté l'odeur de cet encens. Ne rions pas trop cependant de ces vieilles cérémonies: elles avaient pour but d'habituer les jeunes gens à s'exprimer d'une façon correcte, claire et élégante, en présence d'un auditoire choisi ; ce n'était pas un exercice inutile pour un futur avocat ou pour un futur pasteur. Quelle ne devait pas être la joie des parents lorsqu'ils voyaient leur fils à la *tribune*, parlant avec une élégante précision et une assurance de bon augure pour l'avenir ! Quiconque a pu juger de la gaucherie tant raillée des lycéens et collégiens d'aujourd'hui, regrettera sans doute les actes publics du dernier siècle (1).

(1) Voir : *Raoul* ou *Fort en thème*, par Alphonse Karr ; le *Roman d'un brave homme*, par Edmond About ; *Louis Lambert*, par Balzac ; Erckmann-Chatrian : *Les années de collège de maître Noblat* (dans *Une campagne en Kabylie*); Jules Vallès : *Jacques Vingtras*; Champfleury : *Les souffrances du professeur Delteil*. Ce sont de curieux romans pédagogiques.

PIÈCES JUSTIFICATIVES

J. N. R. J. (1)
*Genethliacus dies quinquagesimus quintus
serenissimi principis atq. Domini
Domini*
**EBERHARDI
LUDOVICI,**
*ducis Wurtembergiæ atque Tecciæ,
comitis Montisbeligardi, dynastæ
Heidenhemii, rel.
Domini atq. Nutricii nostri clementissimi,
genialibus votis atque precibus,
orationeque publica,
de
meritis principum Wurtembergicorum
in rempublicam, ecclesiam atq. scholas,*
D. XVIII. sept. ej. hor. X. declamationibus X. votivis in variis linguis
*a juventute scholastica in ducali gymnasio habendis
piè concelebrandus,
omnibus in Comitatu hoc Musarum Mæcenatibus,
fautoribus atq. cultoribus,
ad commonstrandum communem supplicationis pro vita Principis
longæva instituendæ affectum officiumque devotum,
debita cum observantia atque humanitate
programmate hoc natali
significatur
a
M. Davide Friderico Megerlino, Rectore illustris
Gymnasii, et ecclesiaste in Germanico Templo aulico*

(1) In nomine Regis Jesu : Au nom du roi Jésus (?)

Gratia Dei et sapientia spiritus Christi animet omnes veritatis solidæ amatores, fautoresque scholarum multiplicet!

Quotièscumque meo rite defuncturus officio, hoc nostrum ingredior Montisbelgardense gymnasium; toties quoque non me tantum suum rectorem novum, verum singulos etiam discipulos, fidei meæ concreditos, graphico hoc et seren. Christophori Principis Wurtembergici nomine a 1554 quondam inscripto alloquitur titulo, maximum et cohortationis et correctionis et consolationis scholasticæ pondus ita secum ferente :

Numine præsenti Grajo Schola nomine dicor :

Hæc ipsa vero epigraphe notabilis, Hexametro suo sapientibus multa significante, non semel in memoriam mihi jure revocabit, commemorabilem Portæ Ducalis Stipendii Theologici Tubingensis inscriptionem, A. 1668 a Restauratore ejusdem Gloriosissimo Eberhardo III præfixam, quam, annorum plus minus quatuordecim spatio, ipse plus millies legere et ponderare debui ac potui, adjecto B. Hafenrefferi pentametro hoc longe momentosissimo ità expressam :

Claustrum hoc cum Patria statque caditque sua.

Spero, Lectores benevoli atque religiosi! Vos meæ etiam sententiæ adjecturos calculum, si illos versus duos altiori indagine censuero esse dignos, eosdemque in unum conjunxero distichon votivum, tum superioribus tum inferioribus, uno jam *principe clementissimo* colligatis, et *Wurtembergiæ et Mompelgardiæ scholis* commune : ut earum unaquæque non appellare modo se possit geminâ nomenclaturâ, sed auspicata quoque omnia desiderio justo sibi hac ratione apprecari.

Numine præsenti Grajo schola nomine dicor :
Hæc schola cum patria stetque cadatque suâ !

Quis quæso tam ineptus fuerit tamque injustus rerum scholasticarum æstimator, ut negaverit, præcipuum hoc et fuisse olim, et adhuc etiam esse, et permansurum quoque semper fore terrarum et regionum quarumvis præsidium atque ornamentum, et solatium una impense carum longèque pretiosissimum., si gloriari læte possint Dei gloria : *nobis etiam schola est, Numine Divino !* Si et asseverare sciant judiciosè ac prudenter : *tamdiù nobis erit Patria atque integra Respublica, quamdiù florebunt nostræ Scholæ, Gymnasia atque Academiæ.* Miratus profecto sum non semel, interdum etiam intra labia debui ridere, neque enim ad iram me commotum fuisse eapropter enuntiabo ; cum Historia literaria nonnullos mihi ob oculos posuit ex Fanaticorum grege (1) atque aliorum istis similium numero, qui scholis publicis tantum non omnibus, et ipsis quoque Academiis, bellum quasi publicum indicere fuerunt ausi ; quos vero tanquam homines, aut corrupta imaginatione a regula rectæ ratiocinationis ac norma Verbi divini aberrantes, aut intempestivo zelo atque inconsulto, juxta præconceptas opiniunculas suas, omnia emendandi consilio abreptos, facile contemnere, nonnunquam et misericordia prosequi potest atque debet sapiens, qui ex mente D. Pauli. Ebr. 5. 14. pollet habitu sensuum *pro diakrisin* seu ad discrimen boni atque mali probe exercitatorum. Istud autem, quod jam dissimulare data occasione haud possum, merito male me habuit, quod observare cum aliis debui, virum cetera doctissimum, et philosophum non minus

(1) Les anabaptistes du temps de Luther.

quam juris laude præ alis conspicuum, (est verè is defunctus ante biennium ferè famigeratissimus D. Christianus Thomasius), speciem verisimilitudinis præ se ferentibus argumentis quibusdam, in contemtum adducere voluisse scholas publicas in Tomo I *Halensium* quarumdam *Observationum* p. 140, 302, etc. Asserit nimirum inter alia ex gr. (1) scientias atque disciplinas in scholis vulgo traditas ad veram sapentiam minimè necessarias esse ac utiles censendas, imo homines potius ad sapientiam stultam, terrenam atque dæmoniacam seducere : (2) Scholas ipsas nonnisi arbitrarias esse societates, ab hominibus, et Caino quidem fratricida, non ex bona intentione, inventas ; sed ut a teneris annis ab auctoritatis præjudicio penderent, cœcaque obedientia imperantium jussa venerarentur subditi : (3) Falsa in iisdem persuasione imbui juvenes, quasi intellectus cultura et novarum artium ac scientiarum studio ad felicitatem summam progredi homo posset; Et (4) ignorasse scholas et Socratem sapientiæ paganæ celeberrinum, et Christum quoque ipsum veræ restauratorem sapientiæ qui nec certis horis convenire jusserit auditores, nec dictaverit quicquam, nec memoriter recitare jusserit, nec solus fuerit locutus, nec discursu continuo horario molestus fuerit auditoribus suis, etc. Index hæc pagina non jam disputationi minus necessariæ atque utili vacare debet, aut obvias singulis et prudentioribus notas congerere responsiones, ad diluendas objectiones ità ficuineas ; quas ego quidam nonnisi ad exercendos nonnullos, in proletarias oppositiones quasvis impetu acriori involantes, ex perspicacissima Polyhistoris eruditissimi mente(1), sub initium

(1) Il s'agit du Polyhistor de Morhof, célèbre pédagogue.

Seculi hujus, profluxisse conjecto. Cum tamen objectationibus talis etiam generis nonnunquam obviam fit eundum, iis quondam satis quod est jam fecit Doct. Lilienthalius pag. 48 sqq. suæ consultationis de scribenda certæ gentis historia literaria 1710. Adjungo igitur etiam aliquid in gratiam meorum discipulorum. (1) Alia est sapientia scripturæ et theologica, naturæ alia et philosophica cognitio, magnumque unà discrimen inter ea, quæ scitu sunt necessaria ad vitam benè pièque gerendam, et ista quæ scholæ debent disci, ac eruditioni receptæ, vel sectariæ vel clenticæ : quorsum conferatur quoque celeb. D. Buddei Discursus *von der Welt und Schul Gelehrtheit* a. 1700, præfixus *Musigs Licht der Weiszheit* : (2) Necessitas alia absoluta ac exigentiæ et ad esse simpliciter, hypothetica et expedientiæ alia et ad esse melius ac commodius : cum multa interdum consuetudo mundi et superstitio reddant necessaria, queis absque difficultate posset carere sapiens : Videantur literati et cordati rectoris Wockerodti consultationes de scholarum publicarum usu, pretio et disciplina sanctiore Gothæ 1705. (3) Alia sunt mentium juvenilium præjudicia, alia sunt saniorum præceptorum præcepta, qui mature ipsis proponere debent atque inscribere regnantem in omni studiorum genere triplicem hominum cognitionem, historicam seu vulgarem, accuratiorem sive philosophicam, et perfectissimam atque mathematicam : quæ ipsa distinctis capite integro evoluta est a notissimo omnibus Cel. Halensi olim, jam Marpurgensi Philosopho atque Mathematico Chr. Wolfio in Logica sua A. 1728, p. 2. sqq. (4) Aliæ tandem Socratis ævo, alia Christi tempore fuerunt scholæ, aliquæ tamen fuerunt semper : neque Anaxagoram atque Archelaum audiens Socrates cum aliis scholas ignoravit; omnium minimè Christus, qui et in Hierosolymitano templo, ubi præcipua quoque fuit synagoga vel schola publica, eruditum habuit cum Legis doctoribus colloquium. Luc. 2. 46, 47, et frequentius ibidem docuit ipse et illuc alios etiam ablegavit juxta Joh. 18, 20, Matth. 23, 2, sqq. ad quæ loca consulantur notæ eruditissimæ Jo. Christ. Wolfii Pastoris ac Scholarchæ Hamburgensis celeberrimi in Curis Philol. et Chrit. in Evang. A. 1725. Talibus vero responsis in quæstiones, uti dixi, haud seria et per me plana, supersedere me potuisse, ipsa evincunt Thomasii verba, ut observationibus citatis p. 144 sqq. in quibus, licet adhuc militans contrà communem consensum, praxin vulgarem, et quotidianam experientiam, videtur tamen quodammodo in gratiam redire velle cum scholis nostris, adjiciens : tolerandas esse eas, non autem laudandas, et si accuratè loquendum, ad mala potius necessaria, quam ad bona verè dicta illas esse referendas : ut alia Viri literatissimi scripta jam non allegem, quæ ab omni quidem culpa eum hac in materia liberabunt nunquam, excusabunt tamen aliquatenus apud eos, qui dictæ conjecturæ meæ criticæ locum aliquem concesserint. Alius autem porro jam emergit quæstionis status, si de eo agatur: utrum publicæ privatis, an vero publicis anteponi debeant scholæ ? Commoda utrinque deprehendo atque incommono. Publicarum quidem hæc observe vitia : (1) Selectus ingeniorum prudens non semper'institui potest a docente: (2) Discipuli diversum sibi proponentes studiorum finem, iisdem nihilominus interesse debent lectionibus, eademque tractari methodo in classe eadem : (3) Definitae plures horæ libertati jugum injiciunt maximè tædiosum : et (4) exempla prava et consortia quotidiana bonorum mores solent corrumpere. Verum ex alterâ parte plures numerare licet defectus, cum in privatis scholis (1) nulla occurat mentium excitatio et æmulatio, quæ non paucis honestum admovit calcar. (2) Qui intrà parietes privatos modo incumbunt literis, sibi plerumque solis discunt et sapiunt, non aliis, quorum commercio non sunt usi (3), inspectione necessaria carent et disciplina, quam exercere non audent Præceptores, a Parentum favore pendentes unicè. (4) Plurimi informatores domestici propter panem modo lucrandum servientes, dum officiis admoveantur, ignorant alios bene instruendi methodum atque artificia. Quid ergo, ais, decernendum in causa ancipiti? Facilis est deliberatio, quam tibi ex germ. atrio eruditionis Joh. Just. Fahsii Rectoris Clausthalensis A. 1618 edito sic expromo p. 78. Conjungenda est, si fieri possit, institutio utraque et privata et publica : hæc tamen primas absque dubio tenet, si ejusdem defectus corrigantur pro viribus, scandalaque juventuti noxia e medio tollantur disciplina, bonis scholæ statutis prudenter respondente. Saltem civium non est singulorum, quod in familiis opulentis, splendidis, nobilibus atque principibus locum invenire fortassis potest et interdum quoque debet, Consilium Imper. M. Antonino datum a suo Proavo, quod in libris ad seipsum ità expo int ipse L. 1. p. 4, Edit Gall. Dacierianæ p. 4. Mon Bisayeul m'a enseigné à n'aller point aux écoles publiques, à avoir chez moi les plus habiles maîtres, et à connoître, qu'en ces sortes de choses on ne sauroit jamais trop dépenser. Quid opus est multis? sufficere possunt veritatis amantibus primaria argumenta duo, necessitatem Scholarum atque utilitatem summam adstruentia, quæ allegatum ante Principis distichon exhibet nostrum :

Numine præsenti Grajo Schola nomine dicor :
Nam Schola cum Patria statque caditque sua.

Divinum Scholæ sunt beneficium : absque hoc respublica christiana salva manebit nulla : et melius fuit semper, aliquas adhuc adhibere scholas, licet imperfectas, et cum defectibus variis luctantes, quam nullas, et prorsus orbatam iis videre civitatem. Ipsum quidem nomen Scholæ ex Græca secundum quosdam derivatum lingua, uti et ipsa gymnasii nostri inscriptio notum Ausonii versum sibi applicat : Grajo schola nomine dicta est, justa laboriferis tribuantur ut otia Musis : significat otium literarium, a *cholazein* vacare ; quia omissis rebus ceteris, artibus humanioribus et studiis liberalibus discentes cum decentibus vacare iisque dediti debeant esse toti : quod idem origo vocis græcæ *cholè* innuit, justà Christ. Becmannum ab Hebraico שלה tranquillus fuit, deducenda, unde שילה pacis auctor Christus in Vet. Test. prænunciatus est : quamvis mihi, si unde istud ductum sit verbum, inquiram studiosus, etymologia illius ab hebræo שמל sapiens fuit, et שמל sapientia, intelligentia, derivanda videatur potius. Nam, si res ipsa magis quam nomenclatio attendatur, schola debet esse sapientiæ officina, bonarum artium palestra, linguarum magistra, scientiarum exercitatio atque virtutum gymnasium, aut benedictus a Deo locus iste, in quo magistri sapientes atque idonei, juxta præscriptas eorum societati leges bonas, diligenter erudiendo, manuducant ad prima eruditionis solidæ et veræ sapientiæ fundamenta, per legitimam intellectus pariter atque voluntatis emendationem et informationem. Quæ ipsa mentium tenerarum cultura non promovenda tantum est disciplinis, artibus atque linguis variis, sed sincero etiam pietatis studio: benè eapropter monente Doct. Morhofio Polyh. t. 1. l. 2. c. 10 n. 8. Etsi pietatis præcipua quidem ratio in scholis habenda est, tamen et linguæ et artes et scientiæ non minori cura excolendæ sunt. Patet ex dictis ad oculum in titulo scholæ nostratis latinæ poni merito : numine divino dicor Schola: quod idem gallica repetit schola nostra A. 1668 a serenissimo Principe Georgio (si dictum respicio annum) vel aedificata vel restaurata, quæ in eam introeuntibus sua quoque fronte hæc ostendit verba : Au nom de l'Eternel je m'appelle l'Eschole. Divinum certe sunt beneficium Scholæ: quia testibus Israelis Regibus sapientissimis, David patre ac filio Salomone, Po, III. 10, et Prov. 1, 7, atque iterum cap. 9, 10. Timor Domini est sapientiæ initium ; et ipsa sibi sapientia hypostatica, in qua juxta Coloss. 2, 3, omnes sapientiæ atque scientiæ thesauri sunt reconditi, per scholas domum aedificat, et columnas collocat atque excidit firmas Prov. 9, 1. Quam ipsam per graphen summus exhibebat gymnasticus, cum A. 1686 d. 27. Mart. nomine clementissimi Principis nostri, Eberhardi Ludovici, tum adhuc pupilli, serenissimus dux Fridericus Carolus, t. t. Wurtembergici ducatus administrator optimus, dextra ducali sua primum poneret lapidem fundamentalem Illustris gymnasii Stuttgardiani, hunc in finem exstructi atque Professoribus necessariis instructi; ut, indicantibus hoc ipsum impressæ fundationis istius verbis, pagina 37, deprehensus in cursu scholastico hiatus atque saltus insignis, et *chasma* illud vastissimum, quod inter Trivii pulpita, et Academiæ nostratis cathedras visum fuerat hactenus, deploranda humaniorum studiorum jactura, et irrevocabuli juventutis errore, ità posset expleri. Felix oppido est respublica, quæ defectus scholarum earumque hiatus perniciosos emendandos atque explendos curat: cum reipublicæ non minus quam ecclesiæ seminaria certissima, et vastantis omnia barbariei ignorantiæque, pestilentissimi ingeniorum morbi, remedia et alexipharmaca sint præsentissima bene constitutæ scholæ, gymnasia atque Academiæ. Scribi quidem potuit quondam vere in Wurtembergica Caldenbachii Rhetorica, p. 68. Non mirum est, Moscovitas tam rudes et barbaros esse; nullas enim ferunt Academias: ast vero inter plurimas alias recentiores Imperii Moscovitici conversiones, felicissima omnino hæc reputanda est catastrophe et commutatio, quod ex Academia Scientiarum Petropolitana, in qua per quinque annos logicæ, metaphysicæ et Moralium professionem publicam cum Russiæ emolumento humeris suis impositam habuit, redux jam, a Principe nostro clementissime revocatus, et Theologiæ professor atque stipendii ducalis alter superintendens constitutus, Georgius Bernhardus Bulfingerus, cujus doctrina olim magno cum fructu ipse quoque usus sum, in valedictoria oratione sua A. 1725 in collegio illustri Tubingæ habita, et cum Dilucidationibus suis Philos. mox impressa p. 623 et proloqui et scripto mandare tum potuit: Petrus Russorum imperator, Augustus, Prudens, Felix, seminaria nostris simillima erigi per Russiam mandavit universam, et imitationem institutorum Principum Wurtembergicorum sua dignum existimavit sapientia. Plura de Scholis hic adjicere vel testimonia, vel argumenta, vetat instituti ratio: digito indice commonstrabo tantum auctores nonnullos hanc materiam pertractantes, qui sunt e. g. Vockerodt, Morhof, Schudt, Fahsius, Ludovici, Pregizer, Sturmius, Langius, Franckius, Neander, Scioppius, Weigelius, Caselius, Cellarius, Diefenbachius, Gesnerus, Rechenbergius, Crenius, etc., quibus legendi suam facile sitim restinguet hujus materiæ avidus. Quantam vero semper Scholarum curam gesserint Principes atque amplificandas sumtus fuerint, Universa loquitur Wurtembergia et nostra quoque clamitat Mompelgardia, tantamque rerum commemorabilium molem sustinere nequit augustum huncce filium : quod indicere modo debet Panegyrica Genethliaca, et a me Gymnasii rectore, proximo die 18 sept. qui serenissimi Principis nostri LV. natalis erit, et sequenti 19 a X. Discipulis meis concelebranda. Cum vero hic ipse Celsissimus noster Eberhardus Ludovicus, scholæ nostratis nutritius clementissimus, propensissam ergà illam voluntatem suam jam significaverit p. 46 du Supplément aux Ordonnances ecclésiastiques, verbis hisce propitiis : Pour ce qui concerne en particulier l'Ecole latine de Montbéliard, il est à propos de la mettre sur le pied d'un Gymnase, afin que la jeunesse y puisse achever son cours de philologie, une grande partie de celui de la philosophie, ou au moins les parties principales et fondamentales, et en sortant, être en état de passer aux Académies, pour y embrasser de plus hautes facultés : Ego quidem, etsi integro abhinc anno cum dimidio varia publico promiserim opuscula philologica, in tractatu Tubingæ adhuc edito, quorum aliquod, mei Catal. script. edend. p. 10 sqq. delineatum. R. Hilleri hypothesin criticam examinaturum, ob frequentia, Wurtembergicorum maxime amicorum, desideria proxima occasione editurus sum; nunc tamen meo officio proesenti convenientius, atque excitando in Principem clementissimum affectui amoris, spei atque admirationis aptius argumentum, excogitare potui nullum, quam si in ipsa potissimum Ducis curia hic peroraturus, proponerem præstantissima Principum Wurtembergicorum et in Rempublicam, et in Ecclesiam, et in scholas promerita, et nostri præsertim Eberhardi Ludovici, a quo cum fiducia expectare debemus hujus scholæ nostræ amplificationem, cujus statum præsentem, quæq.. desiderari queant, ad clementissimum ejus mandatum sub initium hujus anni relatione obsequiosissima consignavi. Non aliud erit etiam argumentum X istarum declamationum, quæ in Gymnasio ipso, ab auditoribus meis instituentur. Uti enim Junio elapso, cum ego ex voluntate venerand. Pastorum Montisbeligardensium Collegii, Jubilæum Augustaneæ Confessionis celebrarem sermone, istiusque ob oculos sisterem et historicam, et juridicam, et polemicam, et casuisticam hypotyposin, etiam X. scholares mei, Brisechoux, Rossel, Surleau, Duvernoy, Bernard, Goguel, Maier, Boutenot, Scharffenstein, atque Morel, præstantissimi et Consiliariorum, et ministrorum, et Civium nostrorum filii, præcipua Ausgt. Conf. momenta variis linguis et formis explicarunt : ita nunc, dum nutu Consilii regiminis nostri Ducis, interpres futurus sum gaudii communis et votorum publicorum in fausto Principis nostri die natali, me in dicto ante instituto mei sermonis præeuntem sequentur, partim iidem, partim alii eorum commilitones X eximii et 1 Surleau quidem carmine heroico latino; 2 Jardot ligata Germanica; 3 Boutenot prosa gallica; 4 Grammond hebraica dialecto; 5 Morell versibus elegiacis latinis; 6 Rigoulot idiomate Græco; 7 Makler prosa latina ; 8 Maier germanice in prosa; 9 Brisechoux latine in soluta; et 10: Nardin denique in ligata oratione gallica, suam expriment lætitiam, merita wurtembergiæ principum atque beneficia in Patriam, Ecclesias scholasque generis varii, diserte exponent pro virili, et se cum Gymnasio nostro potissimum de meliori commendabunt nostro Eberhardo Ludovico, pro quo calidissima ad Deum suspiria effundere nulli obliviscentur. Deus fortunet institutum, et exoptatissimam Principi clementissimo reddat lucem natalem, nostrosque inflammet et Mecænates, et Patronos, et Fautores scholarum, atque Studiorum Cultores in nostro Comitatu Mompelgardico, ut sui memores officii ergà Ducem potentissimum, et in Curia Ducali, et in Gymnasio Illustri sua nostris conjungant vota atque preces ardentissimas : quos hac... fini submisse, observanter atque officiose rogatos atque invitatos volumus.

Scribebam Mompelgardiæ, d. 15 sept. 1730.

ACTES ORATOIRES (analyse)

Le 18 septembre 1731, 56° anniversaire du duc Eberard-Louis, le recteur fait un discours, à la chancellerie, sur la conception de la majesté du souverain Dieu; le lendemain, à neuf heures du matin, les élèves, au nombre de treize, font un exercice public au gymnase. Rayot débute par un exorde en français, fait l'éloge du prince et annonce les sujets qui seront traités par ses condisciples. Surleau et Grammond font l'éloge de la logique, Goguel, de la langue latine, Bernard, de la langue hébraïque; Duvernoy et Rigoulot lisent un discours sur le souverain bien; Morel parle de l'étude de la poésie, Macler discoure en grec sur le Nouveau-Testament, Boutenot et Flamand font un examen catéchétique sur la religion, d'après le grand et le petit catéchisme; Zugel et Vallet louent l'étude de l'histoire, en langue allemande; Nardin et Brisechoux parlent du mouvement du soleil et de la terre, des tremblements récents du globe; Landbech lit des vers allemands sur l'école et sa prospérité, due au prince; Ponnier et Scharffenstein disent par questions les articles du règlement, et promettent de montrer à l'avenir une plus grande obéissance aux lois du prince; Goguel termine par des vers français en l'honneur du souverain, lui rend grâce de ce qu'il fait pour le gymnase, et prie Dieu qu'il veuille inspirer et protéger les études.

L'année suivante, l'élève Grammont cite en chaldéen les livres traditionnels des Juifs (Kabbale,

Talmuds); Surleau lit une dissertation en hébreu sur les lois de Moïse; Goguel et Nardin disputent en syllogismes, puis socratiquement, pour prouver contre les Brownistes et les Guttmannistes, etc.... que les livres païens ne doivent pas être bannis de l'école. (1)

En 1733, Duvernoi parle en chaldéen contre les assertions des Juifs sur le véritable messie; Bernard, Macler discutent d'après Leibnitz sur l'union de l'âme et du corps; Morel et Ponnier, sur le règne et les droits du Christ, d'après Albert zum Feld: Politica sacra, Panzius : Jurisprudentia theologiæ; Puffendorf et les thèmes de Rœsler... La séance de 1734 dure cinq heures et se termine par un exercice *(comico-tragicum)* sur les Mages; six élèves y figurent. Après l'occupation française, un discours constate que bien des auditeurs ne comprennent pas les déclamations (...cujus magna forsan auditorii pars, expers prorsus et inscia erit,....)... L'invitation, suivie du programme, était comme celui-ci écrite en latin (Huic memoriæ sacræ et literariæ .... exercitationi ut intersint pii et prudentes literarum Patroni et fautores hor. 1. a pomer. d. 15 maii submisse decenterque rogito...)

---

(1) Ces élèves qui parlaient en chaldéen étaient des vétérans de philosophie, élèves de Mœgerlin.

Quant aux précurseurs luthériens de l'abbé Gaume, j'avoue ne rien savoir des effets de leur polémique.

Distribution des leçons pour la haute classe.
(1778)

(Plan proposé par le recteur).

Lundi.	Mardi.	Mercredi.

Matin.

Logique.	Droit naturel,	Rhétorique,
Tite-Live.	Oraisons et épitres	Virgile,
	de Cicéron	Poésie latine
	alternativement à	et française.
	la huitaine.	

Après-midi.

Correction du thème,	Thema,	Exercices et essais
Examen des lectures	pro loco.	de poésie
privées,		et de rhétorique
ou antiquités.		alternativement.

Jeudi, le grec.

Vendredi *matin.*
Répétition de la catéchisation,
Correction d'une partie des thèmes,
Dicter un nouveau thème.

Après-midi.
Continuation de la correction des thèmes,
Continuation des leçons de religion,
Répétition de quelques leçons de la semaine.

DISCOURS LATIN (1644) (1)

Exercitatio oratoria in genere demonstrativo
Sunthema prokleterion
Trium Darii regis satellitum coram rege
regiisque purpuratis resolutum :
Quidnam humanarum rerum sit potentissimum,
Novem oratiunculis, at sub sex solùm
personis, exercendi gratiâ a
totidem discipulis primæ classis Montbelg.
pertractatum mense Augusto 1644.

Summaria totius argumenti partitio, et supficiaria singularum orationum delineatio, sive adumbratio.

I. Rex tres suos satellites seu celeres, corporis sui custodiæ destinatos, in concionem Megistanum advocatos jubelit sunthema seu sumbolon illud, ad cujus se provocarint resolutionem, certatim ibidem explicare, addita orationum abs iis designatorum rationibus habit.

II. Satelles defendet vini potentiam (Jean N. Binninger Rex).

III. Alter satelles pro Regis fortitudine pugnabit (Jerem. du Vernoy).

IV. Zorobabel, tertius satellitum, vires quidem mulierum depræcabit, sed præpollentem tamen singulis statuet veritatem (Jean Cuguel).

V. Purpuratorum honore prodiens, communi eorum suffragio palmam Zorobabeli, deferet, tanquam verissimè omnium et prudentissimè opinato,

(1) Tiré d'un cahier intitulé : *Dispositiones oratoriæ*.

et judicium, ne cui frivolum videatur, inductione et collatione singularum sententiarum roborabit (Joan. Georg Volmarg).

VI. Cancellarius nomine Regis declarabit brabia et proemia, inter Satellitas præposita, Zorobabeli victori redditum iri: etiam præter hæc eodem nomine jubebit ipsum aliquid quod maxime in votis habeat, a Rege, largiendi paratissimo, postulare (Georg. Frid. Stoffels).

VII. Zorobabel debita humilitate et observantia petet a Rege reditionem reliquorum popularium suorum in patriam, et urbis, templique reædificationem (Joan. Georg. Perd(rizet?).

VIII. Rex tum per cancellarium suum annuere se postulato profitebit (Joan. Georg. Volmarg).

IX. Zorobabel summisse pro immenso eo favore Regi aget gratias, et Dei celebrabit in se suamque gentem misericordiam. Subnectet brevissimam ad auditorium pro honorifica sua prœsentia Directam gratiarum actionem, et veniam deprecabit puerilis ad materiam ita arduam insufficientia.

(Henr. Gaisberg Stutg. Dom. Bartholy Montb. Sam. Eglingerg Basiliensis Wilhelmy Bartholy, St. Ponnier, Christ. Frid. Forstnerg, Wilh. Barth. Ch. Frid. Forstner, Wilhelmy Barthod repetebant mense janv. 1652).

CHAPITRE IV

Le recteur Ulric Ducommun dit Veron (1773-1782). Réclamations des maîtres. Nouveau plan d'instruction (1776). Goût de certains élèves pour les sciences : Georges Cuvier et Wetzel. Les régents. Mort du recteur Veron. Son successeur Pierre-Christophe Duvernoy (1782-1786).

Le recteur Dubois fut remplacé par Ulric Ducommun, dit Veron. Il avait été seulement proposé pour la seconde classe par le surintendant Bonsen ; d'après celui-ci, Jean-Georges Huguenot dit Lalance, qui était corecteur, aurait convenu pour diriger le gymnase (22 janvier 1773). Ce fut le 3 mars que Ducommun fut nommé recteur par un rescrit du prince : il obtint une légère augmentation de traitement (180 quartes de froment, et non 168, avec les 144 quartes d'avoine et 100 livres en numéraire). Ducommun, né en 1727, avait été comme Dubois stipendiaire au gymnase, puis à Tubingue ; avant d'être pasteur à Beutal, il avait dirigé la deuxième classe, puis la première de l'école française, de 1758 à 1760 : il n'en était donc pas à ses débuts dans l'enseignement.

Dubois n'avait pas même été quatre années à la tête du gymnase : c'est à peine si l'on avait eu le temps d'expérimenter le nouveau règlement de 1771. Ducommun, comme on pouvait s'y attendre, ne pouvait tout approuver dans l'œuvre de son prédécesseur, et avait ses idées particulières, comme tous les directeurs d'établissement. Dès le 20 novembre 1773, il adressait des observations au Conseil de régence. Il réclamait une diminution d'heures de service, attendu que le nombre des élèves avait augmenté, ce qui entraînait la correction de beaucoup de thèmes ; la catéchisation publique du jeudi avait été établie récemment; le vendredi matin, il y avait classe, depuis plusieurs années déjà, au lieu d'instruction religieuse. Veron demandait la suppression d'une heure de classe de l'après-midi, consacrée à la correction des devoirs, et voulait les corriger chez lui ; il trouvait difficile de le faire dans une classe de vingt-deux élèves sans qu'il y eût un peu de désordre, d'autant plus que tous n'arrivaient pas à la même heure. Le Conseil lui répondit de commencer la correction par ceux qui arriveraient les premiers, et de questionner les élèves pour leur faire remarquer les fautes, qu'il corrigeait à haute voix. Le recteur se trouvait surchargé, et disait que la poésie, la mythologie, les antiquités romaines, étaient des matières peu nécessaires, difficiles à enseigner pendant les classes. Le Conseil (peut-être sous l'inspiration du surintendant Bonsen) répondit que la poésie latine et française ne devait être enseignée qu'à ceux qui avaient des dispositions (ce qui néanmoins obligeait le recteur à les enseigner Dieu sait quand !) et que la mythologie, les antiquités, s'enseigneraient *occasionnellement,* c'est-à-dire à l'occasion de certains passages des auteurs expliqués. Le recteur réclamait aussi pour l'enseignement de la métaphysique, des dogmes et des livres de l'Ecriture, dans un cours régulier ; il voulait que l'*exercice disputatoire* en latin n'eût point tant « l'air d'ergotisme et de pointillerie qu'on n'apprenait peut-être que trop à l'université, et qu'il ne se fît pas toujours par syllogisme. » Les conseillers, comprenant bien que les cours de philosophie ont parfois l'inconvénient de faire des ergoteurs ridiculement vétilleux, approuvèrent cette dernière idée : ils décidèrent que l'ontologie ou métaphysique serait enseignée dans le dernier semestre, après la logique ; et qu'on ferait faire des lettres en latin ou en français aux élèves qui n'auraient pas le goût de la versification. Que d'élèves de notre siècle auraient voulu avoir le droit d'opter ainsi entre les vers et les discours français ! (1)

Quant au corecteur Lalance, il réclamait aussi contre la correction des devoirs en classe : on lui répondit que pendant qu'il ferait ce travail, les élèves pourrait mettre au net la dernière traduction corrigée, et sous sa propre surveillance. C'était transformer une classe en étude.

Les observations de Surleau sont assez intéressantes. Ses écoliers étaient divisés en deux classes. L'été, ils avaient par jour trois heures de leçons, dont deux pendant la matinée ; en hiver, deux seulement. Le matin se donnaient les cours de mathématiques, le soir ceux d'histoire et de géographie alternativement. Le samedi matin, deux heures étaient consacrées à la répétition des mathématiques. Les écoliers du corecteur étaient dans la première classe de mathématiques ; mais ils recommençaient ces leçons l'année suivante, et alors, en leur qualité de vétérans, ils ne se distinguaient que par leur négligence. Quand ils étaient de la classe

---

(1) Voir aux Pièces justificatives la distribution des leçons proposée par Veron (plus haut).

du recteur, « ils ne faisaient, dit Surleau, que jaser, manger, occasionner du trouble, et interrompre le maître par leur pétulance accompagnée de plaintes continuelles. » Après avoir ainsi résumé ses tribulations, le lecteur en mathématiques ajoute que dans les cours de 3 à 4 heures, ils sont déjà fatigués, n'assistent que « par contrainte et pour faire, comme on dit, leur figure; d'autres travaillent nonchalammeut ou s'amusent à couper les tables, et il y en a peu qui méritent un bon témoignage. » Cela peut paraître excusable de la part d'élèves qui étaient en classe depuis midi environ : et le Noble Conseil voulait des cours de quatre heures à cinq en plein été !!! Surleau nous apprend que l'arpentage avait lieu en été tous les quinze jours. Il constate que les écoliers n'assistent pas régulièrement aux répétitions qui se font le jeudi après-midi et le samedi matin : qu'il est donc impossible de donner des notes à tous les élèves. Il souhaite aussi que l'on distribue des médailles de mérite comme en certains collèges. Au reste il se plaint amèrement de l'inattention et de la gourmandise de ces jeunes gens; s'il renvoie quelques-uns d'entre eux à la maison chercher leurs cartes, ils en profitent pour rapporter du pain : « préférant la nourriture du corps à celle de l'esprit, toute leur attention se réduit à épier le moment de pouvoir glisser dans la bouche leurs provisions sans être aperçus. » Il insiste longuement sur leur manque de subordination « la plupart, dit-il, sont d'une licence effrénée, indociles, grossiers, et plaideurs effrontés. » Comme il n'est pas le professeur ordinaire de la classe, mais qu'il fait des cours spéciaux, ses leçons sont regardées comme inutiles et les élèves sont plus plaideurs, c'est-à-dire plus raisonneurs, avec lui qu'avec ses collègues : « ou regarde, dit-il, l'école du lecteur comme n'étant pas aussi ordinaire que les autres... on croit que fréquenter ses leçons c'est une œuvre de surérogation. » Quant au plan d'études, il veut être autorisé à dicter en quelques mots un résumé de l'histoire universelle, d'après Bossuet et Formey; puis à donner plus de détails intéressants pendant le reste de l'année sur certaines parties de l'histoire. Il constate qu'il a 8 écoliers en géométrie, 8 en arithmétique, et tous les seize pour l'histoire : ces seize écoliers sont ceux du recteur, la seconde section de sa classe comprend les écoliers du corecteur.

Les autres maîtres avaient fait aussi des plaintes très vives au sujet de l'impolitesse et de l'indiscipline des élèves : on ne tint pas compte dès l'abord de leurs réclamations.

Le Conseil de régence se contenta de dresser un plan d'instruction pour les écoles latines, suivi de règles générales pour toutes les écoles de la ville. Il chargea le diacre Marc-David Morel de donner des cours de langue française au gymnase : [1] le maître ès-arts Pierre-Nicolas Piguet demanda vainement, deux ans plus tard, à lui succéder. En s'appuyant de l'autorité de Rollin, il insistait sur la nécessité d'une étude méthodique de notre langue : « chacun changerait, dit-il, ces barbarismes révoltants, cette prononciation aussi dégoûtante que vicieuse qui nous expose si justement aux humiliations lorsque nous sommes en France. » Il ajoutait avec raison que Montbéliard étant la seule ville

---

[1] Né en 1720, il avait été stipendiaire à Tubingue (1754), vicaire en 1767, puis pasteur l'année suivante. Il a publié : *Philosophus christianus* (1759, Montbéliard).

française de la confession d'Augsbourg, une foule de gens venant d'Allemagne ou de Suisse viendraient sans doute suivre ces cours de français. Le Conseil eut le tort de laisser tomber cette utile institution.

Pour le plan d'études, je crois devoir l'insérer ici même, avec des remarques.

Plan d'instruction pour les écoles latines de Montbéliard.

1re CLASSE

« Personne ne sera admis à l'école du sous-corecteur à moins d'en être trouvé capable par les visiteurs, indépendamment de l'ordre de promotion, et après un examen fort exact sur toutes les parties que nous venons de détailler. (*a*)

Le but de cette classe est d'enseigner les premiers rudiments de la grammaire latine, de faire expliquer un auteur simple et aisé, et de fortifier dans le Christianisme, sans négliger la culture de la langue française.

SECONDE PROMOTION (1)

Les quatre premiers jours de la semaine.

Le matin.

1re HEURE.

Sera commune pour un examen sur les tâches prescrites le vendredy après-midi, et correction des exercices.

(*a*) Pour les annotations, se reporter à la fin du plan d'études, où je les ai rejetées.

2ᵉ HEURE.

Pour que cette promotion ne soit pas oisive, pendant que la première occupera le précepteur, on lui donnera quelque chose à transcrire d'un livre élégant, agréable et instructif, par exemple de l'histoire de la Bible par Royaumont, des fables de Phèdre; ou bien on les entretiendra dans l'exercice de composer quelque lettre sur un sujet donné comme dans l'école précédente, ce qui se pourra faire alternativement.

3ᵉ HEURE.

Il faudra commencer par les premiers rudimens de la grammaire latine, c'est-à-dire par la doctrine des déclinaisons et des conjugaisons, sans se borner précisément aux noms et aux verbes qui servent d'exemples dans notre grammaire ordinaire; on y substituera de temps en temps d'autres exemples, pour que les enfants se familiarisent plutôt avec les règles qu'avec les mots. On donnera à aprendre chés eux, à ceux de cette promotion, une de ces déclinaisons, sur laquelle on les interrogera et examinera le lendemain, sans observer l'ordre des cas, ni sans la leur faire précisément réciter comme ils l'auront apprise, c'est-à-dire du nominatif à l'ablatif, en apliquant fréquemment et leur faisant apprendre les règles qui seront relatives. Il en sera de même des conjugaisons quand ils y seront parvenus, et on les examinera dans le même goût en demandant la signification tantôt du mot latin, tantôt du français. (2)

PREMIÈRE PROMOTION

1re HEURE.

Cette heure, comme il a déjà été dit, sera commune aux deux promotions.

2e HEURE.

On explique des chapitres de Castallion, auxquels on substituera insensiblement *Lectiones ex Colloquiis Langii, Castalionis et fabulis,* et cette explication se fera, s'il se peut, sans déranger la construction latine. Pendant l'explication, le précepteur aura soin de faire observer et d'appliquer les règles de la syntaxe, en commençant toujours par les plus simples, et même de les faire écrire à chaque écolier avec l'exemple immédiatement après l'explication. (3)

3e HEURE.

Pendant que le précepteur travaillera avec la dernière promotion, ceux de la première reliront les règles qu'ils auront écrites dans la 1re heure, pour pouvoir en rendre compte, et tâcheront ensuite d'écrire la traduction française du latin qu'ils auront expliqué. Le mardi et mercredi matin mêmes occupations que le lundi, sauf la première heure qui sera employée à faire dire des conjugaisons difficiles et des phrases simples à la première promotion, et des déclinaisons et conjugaisons à la seconde promotion, et à des analyses suivant la capacité de chaque promotion. (4)

Jeudi matin.

1re HEURE.

On commencera par lire un chapitre de l'Ecriture sainte, sur lequel on formera des questions.

2ᵉ HEURE.

Instructions catéchétiques, en suivant l'ordre des catéchisations publiques de l'après-midi du jeudi.

3ᵉ HEURE.

Sera employée comme la première heure des mardi et mercredy. On dictera un thème latin à la première promotion, quand elle en sera capable, et avant qu'elle le soit, on dictera des phrases simplement.

Afin de tenir tous les écoliers occupés à la maison, le précepteur leur donnera des tâches comme dans l'école précédente, par exemple d'aprendre par cœur quelque chose du petit catéchisme pour être récité le vendredy après-midi, et de continuer, outre cela, à s'exercer dans l'écriture. On suppose d'ailleurs que les écoliers se prépareront toujours à la maison à la leçon du lendemain, et que le précepteur leur donnera tous les jours des mots du Cellarius à apprendre par cœur.

Vendredi matin.

La leçon commencera à la même heure que les autres jours. La première sera employée comme celle des jeudi; on continuera par faire réciter ce que l'on aura apris du catéchisme, et le reste du temps sera employé comme la 1ʳᵉ heure du mardi matin.

Après-midi
des lundi, mardi et mercredy.

On corrigera d'abord les compositions et traductions du matin, en faisant remarquer aux écoliers leurs fautes et les règles contre lesquelles ils auront péché. On commencera par la correction des s que ceux de la seconde promotion auront composées, parce que tous les écoliers pourront y assister avec fruit. Ensuite on corrigera les traductions de la première et pendant ce temps-là, la seconde relira la correction, et la mettra au net. Le reste du temps sera employé à des exercices de conjugaisons et de déclinaisons. (5)

Quant au jeudi, le précepteur aura soin de donner à ses écoliers de l'occupation pour la maison, comme il a déjà été dit, en les chargeant d'aprendre quelque chose par cœur, et de plus ceux de la dernière promotion de rédiger par écrit pour le vendredi une conjugaison, ou une déclinaison, et ceux de la première des déclinaisons difficiles et composées avec des analyses.

Le vendredi on corrigera ces exercices et on fera réciter ce qu'on aura apris par cœur; on continuera les instructions catéchétiques, et on fera une récapitulation sommaire de toutes les leçons de la semaine (6). Après quoi on distribuera des tâches pour la maison, en donnant par exemple de nouvelles déclinaisons et conjugaisons à faire par écrit des mots qui seront donnés par le précepteur et quelques phrases latines de l'auteur classique à traduire en français par écrit, et en recommandant la lecture de quelque beau livre, comme par exemple des *Magasins* de Mme de Beaumont, pour en rendre compte le lundi suivant.

2me CLASSE

L'objet principal de cette classe doit être le perfectionnement dans la langue latine, les commencements du grec, les premiers principes de la logique, et les mêmes exercices plus étendus et plus détaillés que dans l'école précédente. L'ordre des leçons sera donc à peu près le même; la différence ne consistera que dans les auteurs qu'on mettra entre les mains des écoliers.

DERNIÈRE PROMOTION

Lundi matin.

1re HEURE.

Les écoliers de cette promotion composeront une lettre latine et française alternativement sur un sujet donné.

2e HEURE.

Ils expliqueront Cornelius Nepos et ensuite Jules César, toujours conformément à la méthode proposée ci-devant.

3e HEURE.

Cette heure sera employée à corriger ces lettres et la traduction que la première promotion viendra de rédiger.

N. B. Voir la tabelle pour les leçons du mardi.

Mercredi matin.

1re HEURE.

Ils traduiront par écrit en françois ce qu'ils auront expliqué de Nepos et de César le jour précédent.

2e HEURE.

Ils expliqueront Phèdre et ensuite des morceaux choisis de Térence, en appliquant autant qu'il se pourra les règles de la prosodie, et quand il se rencontrera des traits de mythologie, le précepteur aura l'attention de leur en donner l'explication. (9)

3ᵉ HEURE.

On corrigera les traductions des deux promotions.

Jeudi.

1ʳᵉ HEURE.

Ils écriront la traduction française de ce qu'ils auront expliqué le mercredi.

2ᵉ HEURE.

On expliquera les premiers rudimens de la grammaire grecque de Port-Royal.

3ᵉ HEURE.

Correction de la traduction prescrite pour la première heure en exigeant l'attention de tous les écoliers. A la fin de la leçon on dictera un thème français, que ceux de la première promotion traduiront à la maison en latin, lequel thème sera tiré de l'auteur qu'ils traitent ; et ceux de la dernière promotion aussi traduiront à la maison en français quelques périodes de leur auteur classique, qui leur seront marquées par le précepteur. Il est inutile de répéter qu'on les chargera tous ensemble de lire quelque chose à la maison, pour en rendre compte le vendredi après midi. (10)

Vendredi.

Instructions catéchétiques pour l'une et l'autre promotion, relativement à l'objet qui devra être traité à l'église dans la catéchisation du jeudi suivant, et correction du thème du jeudi.

PREMIÈRE PROMOTION

Lundi et mardi matin.

1re HEURE.

Cette heure sera employée à expliquer César, et, après qu'il sera achevé, Salluste.

2e HEURE.

Ils s'occuperont à rédiger par écrit la traduction qu'ils viennent de faire de vive voix.

3e HEURE.

Les occupations pendant cette heure sont déjà marquées ci-dessus.

Mercredi.

1re HEURE.

On expliquera Virgile et les règles de la prosodie qui seront applicables, et lorsqu'il se présentera quelques traits de mythologie, on leur en donnera également l'explication à l'aide du petit dictionnaire de la fable qui restera à l'école. (11)

2e HEURE.

On réduira par écrit la traduction qui vient d'être faite dans la précédente heure.

3e HEURE.

Dictum supra.

Jeudi.

1re HEURE.

On expliquera le Nouveau-Testament grec, et on fera analyser de vive voix.

2ᵉ HEURE.

On rédigera par écrit les principales analyses et phrases du texte qu'on aura expliqué immédiatement auparavant.

3ᵉ HEURE.

Correction de ces analyses et phrases, ainsi que la traduction de la seconde promotion, et on dictera le thème.

Vendredi.

Dictum suprà.

Après-midi.
Lundi.

Chaque écolier tant de la première que de la dernière promotion, présentera au précepteur la version qu'il aura faite du thème dicté le vendredi, et après la correction raisonnée que le précepteur en fera de vive voix en exigeant l'attention de tous les écoliers, il en dictera à chaque promotion une autre version qu'il aura composée lui-même, ou qu'il aura tirée d'un bon auteur, et s'il y a du tems de reste après avoir corrigé les thèmes, il leur fera rendre compte par un court examen des lectures prescrites le vendredi. (12)

Le mardi et mécredi (sic)

On dictera un thème français tiré de l'auteur à la première promotion et en latin à la seconde pour être traduits et corrigés dans la même après-midi.

On invitera ceux qui auront des dispositions pour la poésie à en produire le mécredi quelque échantillon, soit en français, soit en latin, sur un sujet donné, qui sera corrigé de suite, et ceux qui n'auront point de disposition s'occuperont à un petit exercice oratoire, et le reste du tems, s'il y en a, sera employé à un petit examen sur la leçon du matin. (13)

Le vendredi.

On examinera sur les lectures prescrites le jeudi. On récapitulera sommairement les occupations de toute la semaine par la voye de l'examen, et à la fin on dictera à la première promotion un thème français, et à ceux de la dernière un latin, semblables à ceux du jeudi, pour être traduits à la maison, en les chargeant en outre de quelque nouvelle tâche de lecture.

3ᵐᵉ CLASSE

L'objet général de cette classe est le perfectionnement ultérieur dans la latinité et dans le grec, une teinture de l'hébreu, la rhétorique, les antiquités romaines, la logique, le droit naturel et la métaphysique. On suppose que toute la classe ne sera composée que d'une seule promotion. (14)

Lundi matin.

On commencera par rendre compte du travail et de la lecture domestique, qui auront été imposés par le précepteur le vendredi ou samedy. Il fera à ce sujet des réflexions et des questions convenables.

2ᵉ HEURE.

On traitera la logique de Layritz, et après le cours de logique les premiers principes de l'ontologie et de la métaphysique, et on dictera quelques thèses pour un exercice disputatoire pour le lundi suivant (15).

3ᵉ HEURE.

On traitera le droit naturel suivant les thèmes de Rœsler, à moins que le recteur ne trouve à propos de se faire à lui-même un système de droit naturel pour l'usage de son école, et le précepteur pourra recommander à ses élèves la lecture domestique du petit Puffendorf ou de Bourlamaqui.

Lundi après-midi.

1re HEURE.

Correction du thème dicté le vendredi après-midi.

2e HEURE.

Explication de Tite-Live.

3e HEURE.

Thème à dicter de huitaine en huitaine, tantôt en latin, tantôt en français, sur l'auteur qu'on aura traité.

Mardi matin.

1re HEURE.

On expliquera les oraisons de Cicéron, et à la fin de cette heure, une fois tous les trois mois seulement, le précepteur leur donnera le sujet et la distribution d'un petit discours qu'ils seront chargés de composer chés eux en latin et en français alternativement et qu'il corrigera à la maison ; et pendant la leçon entière du dernier mardi dans les 3 mois il leur fera remarquer la correction, et un jour de jeudi avant la catéchisation de l'église, il fera réciter dans l'auditoire ceux qu'il trouvera les les mieux composés à l'assemblée de toutes les classes. (16)

2e & 3e HEURE.

Seront employées à une traduction d'une épître de Cicéron qui sera corrigée de suite.

Mardi après-midi.

1re, 2e & 3e HEURES.

On corrigera le thème du jour précédent et on traitera la rhétorique française de P. Lamy, en en mettant de suite quelques règles en pratique sous les yeux du recteur qui en prescrira le sujet, tantôt en français, tantôt en latin, le tout dans les trois heures de cet après-midi.

Mercredi matin.

1re, 2e & 3e HEURES.

On expliquera Virgile et successivement Horace où l'on fera connaître les principaux traits d'antiquités et de mythologie qui s'y trouvent, en donnant même des extraits de ceux qui paraissent les plus essentiels; et s'il y a du tems de reste, on expliquera quelque chose des recueils d'Heuzet. (17)

Après-midi.

1re, 2e & 3e HEURES.

Un *tentamen poeticum*, soit en français, soit en latin, que l'on corrigera tout de suite.

Jeudi.

1re HEURE.

On expliquera du grec en français le Compendium de Leusden.

2e & 3e HEURE.

On fera traduire en français quelques périodes soit de la Cyropédie de Xénophon, soit des Caractères de Théophraste, pour être corrigées de suite. Après quoi on dictera un thème, sur un sujet d'histoire ou de morale, qu'ils traduiront en latin à la maison, avec une seconde version et des vers soit français, soit latins, de la part de ceux qui auront des dispositions pour la poésie.

Vendredi matin.

La catéchisation du jeudi après-midi ayant été substituée pour les écoliers au sermon du vendredi matin, on employera les trois heures de cette matinée, à un petit cours de théologie en forme d'instructions catéchétiques relatives à la matière que l'on aura traitée à la catéchisation publique du jeudi précédent, et à la correction des thèmes du jeudi matin.

Après-midi.

On fera un examen succint sur les lectures domestiques du jeudi; on distribuera de nouvelles tâches, on fera la récapitulation sommaire comme dans les écoles, et on dictera un thème sur l'Evangile pour être composé à la maison avec une seconde version, un peu de grec, et des vers latins ou français de la part de ceux qui auront des dispositions pour la poésie.

RÈGLES GÉNÉRALES

1. Pour que ce plan soit applicable à l'état des classes et suivi de quelques avantages, il conviendra de retenir les écoliers plus longtemps dans chacune des écoles où ils passent.

2. Les enfans qui auront fréquenté l'école pendant l'été seulement seront obligés, s'ils ne continuent pas pendant l'hyver, de payer également les droits ordinaires au précepteur qui ont été fixés à quarante sols pour les écoles françaises.

3. Il conviendrait que les précepteurs fussent les premiers à l'école aux heures prescrites, et qu'ils s'y rendissent toujours en habit pour imprimer par là plus de respect à leurs écoliers (rayé).

4. Les précepteurs auront soin de profiter des occasions que les livres et les circonstances leur fourniront, pour inspirer à leurs élèves des sentimens de piété, de douceur, de politesse et de modestie.

5. Une partie des écoliers du recteur récitera alternativement tous les trois mois dans l'auditoire en présence de tous les écoliers du gymnase et d'un ou de plusieurs visiteurs les plus beaux discours qu'ils auront composés soit en français, soit en latin, sur les matières qui auront été prescrites par le recteur.

6. Pour que les écoliers soient toujours en haleine, les précepteurs de toutes les classes les feront certer (1) tel jour de la semaine et sur telles matières qu'ils trouveront à propos, et les stipendiaires ne seront placés définitivement que dans le dernier semestre avant leur départ pour l'Université, et cela après un examen rigoureux de la part des visiteurs et à vue des différentes compositions qu'ils auront faites pendant le semestre.

7. Comme il n'est sorte de moyens qu'on ne doit mettre en œuvre pour exciter l'émulation de la jeunesse, on donnera en guise de récompense ou en forme de distinction, une petite médaille aux trois premiers de l'école du recteur, et aux deux premiers des classes des corecteur et sous-corecteur comme cela se pratique dans la plupart des collèges de France, et ces médailles seront fournies par la recette des églises. (19).

(1) Concourir, composer (de certare). (18)

8. Pour que les précepteurs ayent sur leurs écoliers toute l'autorité qu'il convient d'avoir, on remet à leur prudence le choix et la nature des peines, leur recommandant néanmoins de n'employer aucun châtiment corporel, sinon celui du fouet pour les écoles françaises et après avoir épuisé toutes les voies de douceur et de remontrance.

9. Chaque précepteur aura l'inspection non-seulement sur ses propres écoliers, mais aussi sur ceux des autres précepteurs en leur absence.

10. Pour que le présent règlement soit constamment suivi dans toute son étendue, le surintendant ou l'un des visiteurs alternativement fera tous les mois une visite dans toutes les écoles sans en prévenir les précepteurs; et tous les trois mois il y aura une conférence scholastique chés le surintendant, à laquelle le précepteur produira la tabelle contenant un rapport des mœurs, des talens et des progrès de chaque individu.

11. Les vacances des jours de foires récriées et des lendemains des autres foires principales seront supprimées.

12. Personne ne sera admis à l'avenir au nombre des expectans ou stipendiaires, qu'au préalable on ne se soit assuré du génie, des talents, et de la capacité de l'aspirant par un certificat ou un témoignage des précepteurs et visiteurs des écoles, qui feront également mention de la facilité ou de la difficulté de prononcer ou d'articuler et de l'aptitude à la Prédication.

13. Pour être informé tant du nombre des enfans qui pourraient fréquenter les écoles, que des parens qui négligeront de les y préparer, les anciens seront chargés de donner au surintendant, de six

mois en six mois, une liste exacte des enfans de l'un et de l'autre sexe, qui se trouveront dans leurs quartiers depuis l'âge de sept ans jusqu'à celui de quinze, et on dictera une peine pécuniaire contre ceux des parens ou tuteurs et curateurs, qui, après avoir été avertis et exhortés par le surintendant à la vue des listes à envoyer dans la quinzaine les enfans dont ils seront chargés, dans celle des écoles où ils seront trouvés admissibles, s'obstineront à ne pas profiter de ces moyens qui leur sont offerts pour leur éducation publique, à moins qu'ils n'ayent des raisons valables à s'en dispenser en y supléant par des maîtres domestiques.

14. Pour remettre en vigueur un usage établi par la bienséance et suivi dans d'autres villes bien policées, les précepteurs du gymnase tiendront la main à ce que leurs écoliers aillent aux écoles et églises toujours en manteau et dans leurs places ordinaires.

15. Les précepteurs auront la plus scrupuleuse attention à ce que ce qui est prescrit par les plans d'instruction soit exactement exécuté, que les écoliers ne perdent point de tems pendant les heures de leçons et que les promotions s'occupent elles-mêmes convenablement pendant l'heure où elles ne travaillent pas avec les maîtres, conformément à ce qui leur est imposé. »

En Conseil, le 26 avril 1774.

DE GOLL.
Cte DE SPONECK.

(Archives du Doubs, E, 84.)

REMARQUES

(1) Ce plan d'études semble avoir été écrit par un conseiller qui était parfaitement au courant du système d'enseignement et des réformes de détail devenues nécessaires. Je pense qu'on peut en attribuer la rédaction au vieux surintendant Bonsen : il est vrai que l'original n'est pas de sa main. Cependant, comment expliquer d'une autre manière le soin qu'on a pris d'assurer le bon recrutement de la classe inférieure ? C'est là le fait d'un homme qui s'intéresse vivement au gymnase et qui connait une des causes secrètes de sa faiblesse.

(2) C'est la méthode qui date du XVI° siècle : il n'y en a pas d'autre. Ainsi, l'on faisait décliner *rosa*, puis *musa, musca*, etc., conjuguer *amo*, puis *canto, rogo*, etc. C'est une méthode que l'on suit encore et qui sera toujours suivie. L'auteur du plan d'études est avec raison préoccupé du danger d'apprendre par cœur : il a raison. Demander la signification tantôt du mot latin, tantôt du mot français, c'est encore une vieille idée fort juste des Sturm et des Mathurin Cordier.

(3) La citation des règles de la syntaxe appliquées par l'auteur dans le passage traduit est encore une idée empruntée aux anciennes méthodes du XVI° siècle : autre preuve que l'auteur ou l'inspirateur de ce plan d'études est un pédagogue instruit et d'un esprit pratique. Bien des fois tel rapport écrit par un gros personnage lui a été soufflé par un inférieur.

(4) Faire des analyses grammaticales, répéter souvent les choses vues, tout cela est encore emprunté aux anciennes méthodes : à cette époque les pédagogues ne faisaient point table rase du système de leurs devanciers, pour y substituer des théories souvent tout à fait opposées.

Apprendre à réfléchir et à s'exprimer nettement, même en public, tel était toujours le but auquel concourait chaque partie du programme, y compris les *leçons de religion*.

Ce n'était pas une nouveauté que d'imposer des tâches à faire à la maison.

(5) Mettre au net des corrections pendant que la division supérieure fait un autre travail avec le maître, c'est ce qu'on exige encore des élèves dans les classes géminées : ce travail n'a guère d'utilité pratique et ne sert qu'à occuper l'élève.

(6) Récapituler les leçons de la semaine pour qu'elles soient mieux sues, c'est aussi une vieille idée de Sturm et des pédagogues de son temps : elle est d'ailleurs excellente, pour les leçons de grammaire tout au moins. C'est ainsi que l'influence d'un pédagogue illustre se continue pendant deux siècles parfois : Sturm valait les hommes de Port-Royal, ou Laynez, ou le bon Rollin.

Au commencement du XIX° siècle, on étudiait les éléments de la logique dans les classes de seconde et de rhétorique : ce n'était point absurde, car il est bon de savoir lier les idées et les raisonnements avant d'écrire des narrations, des discours et des études littéraires. Peut-être l'Université reprendra-t-elle ce système : que de choses sont redevenues toutes nouvelles quand elles ont été complètement oubliées ! Que d'inventions furent faites plusieurs fois !

(8) Ceci semble inventé pour forcer l'élève à être attentif pendant l'explication et la traduction orale. Celle-ci est insuffisante sans la traduction par écrit : l'élève se contente de trop peu.

(9) *Autant qu'il se pourra* est vraiment bien trouvé. Lorsque nous expliquions Plaute et Térence, le professeur ne nous parlait pas du tout de la prosodie de cet auteur. Quant à la mythologie, les commentaires sur la Fontaine et autres classiques nous en apprenaient plus peut-être que l'explication des auteurs latins.

(10) Les thèmes d'imitation avaient tout récemment encore une très grande vogue, surtout ceux qui étaient joints au livre de Heuzet (édition Belin). Quant aux lectures à faire, j'ignore absolument pourquoi une si bonne méthode a été abandonnée : rien n'est plus propre à donner le goût du travail personnel à des élèves même fort médiocres.

(11) Donner les règles de la prosodie dans quelques commentaires, enseigner sommairement la mythologie au fur et à mesure des explications, cela vaut peut-être mieux que de faire apprendre à l'élève des livres insipides comme ceux de Le Chevalier et de Gerusez.

(12) Les versions dictées sont-elles absolument nécessaires dans les conditions où étaient les écoles du XVIII° siècle, à l'abri du souci des examens ? Passe encore pour les thèmes dictés.

(13) Les jeunes gens n'ont que trop de dispositions à rimer, même à Montbéliard. Mais, comme l'a dit un illustre éducateur, on n'est pas tenté de se croire un grand homme en vers latins.

(14) L'hébreu n'était nécessaire qu'aux futurs pasteurs : pourquoi le faire apprendre à toute la

classe ? Pourquoi supposer qu'il n'y aura qu'une promotion, lorsqu'il y en avait souvent deux, parfois trois, dans la haute classe ?

(15) Lorsqu'il y avait exercice disputatoire, les élèves argumentaient en forme et en syllogismes, mais il est probable que ce n'était pas toujours en latin, sauf pour les plus forts. Aujourd'hui, c'est seulement dans les séminaires catholiques que les élèves argumentent encore, en latin, selon la forme syllogistique, avec formule de conclusion comme celle-ci : Sic argumentabor contrà conclusionem Domini N... Ce système paraît suranné aux pédagogues d'aujourd'hui.

(16) Excellente méthode pour inspirer de l'émulation et donner de l'assurance aux grands élèves. Toutes les classes étaient rassemblées dans la grande salle ou auditoire, mais rien ne prouve qu'il y eût des personnes de la ville présentes à cette récitation.

Il est vrai que plus loin on parle des visiteurs qui assistent à cette cérémonie.

(17) On se demande pourquoi Heuzet était expliqué dans la haute classe avec des auteurs de force plus grande, et non dans la deuxième ? Heuzet, au XIXᵉ siècle, est devenu l'auteur de fondation pour les classes de cinquième et sixième.

(11) La composition hebdomadaire avait lieu depuis trois ans déjà.

(19) Cette idée est de Surleau . . . .

. . . .

Le plan d'études ne fut publié qu'après que les maîtres en eurent pris connaissance et fait leurs observations sur quelques détails. Les visiteurs en tinrent compte. Mais ce plan si raisonnable est incomplet par certains côtés : il ne parle point des sciences, qui cependant étaient enseignées avec succès par un professeur très instruit : peut-être le rédacteur du programme était-il étranger aux sciences comme Bonsen ou tel autre conseiller ? d'autre part nul effort n'est tenté pour attirer les élèves du dehors. Le corps des bourgeois de la ville n'avait pas, il est vrai, d'autorité sur le collège, et ne pouvait rien faire pour appeler à Montbéliard de jeunes étrangers (1). Depuis longtemps déjà, des familles montbéliardaises envoyaient leurs enfants dans les pays voisins pour apprendre l'allemand ou toute autre langue : d'ordinaire ils plaçaient leurs fils chez des personnes sûres, qui de leur côté envoyaient leurs propres enfants apprendre le français à Montbéliard chez leurs correspondants. Ainsi, trois filles du recteur Bonsen furent placées par leur père chez des personnes de Strasbourg, afin d'y apprendre l'allemand ; il demandait en 1754 si quelque fille de ministre voulait apprendre le français en séjournant une année ou deux chez lui, et souhaitait d'envoyer « par échange » une autre de ses filles chez un pasteur de Strasbourg. Les autres maîtres avaient aussi quelques rares pensionnaires. La plupart du temps, c'était chez des marchands de la ville que les étrangers mettaient leurs enfants. En 1727, un externe payait 20 sols par semaine pour sa pension, un autre dix sols (et un demi-bichot de froment par an). Plus tard, en 1755, deux jeunes gens étaient logés moyen-

---

(1) Sauf des Alsaciens et Allemands qui apprenaient à Montbéliard la langue française. Voir à l'*Introduction* l'analyse de l'ordonnance ecclésiastique.

nant six francs par semaine chez M. Christ, diacre de St-Nicolas ; ils avaient une chambre et un grand lit. La correspondance du recteur Bonsen parle d'un jeune étranger pensionnaire à 24 livres par mois : le recteur a la franchise d'écrire qu'un jeune homme qui se destine à l'art militaire ne trouverait pas chez lui les moyens suffisants pour étudier assez bien les sciences mathématiques; de plus, dit-il, « ma famille qui n'est pas peu nombreuse, se trouvera encore augmentée bientôt : une nourrice avec son nourrisson ne manquent guère de causer de l'embarras et seraient d'un voisinage peu agréable pour un étudiant. » En 1775 le maître ès-arts Piguet fit imprimer un avis par lequel il annonçait l'ouverture d'une pension : la lessive se ferait quatre fois par an ; il y aurait 5 heures de leçons par jour, 2 ou 3 pour la récréation, qu'on chercherait à rendre utile aux enfants, autant qu'il est possible. Le prix était de huit livres par semaine (1).

Le Conseil de régence, qui interdisait l'enseignement du latin à tous les maîtres étrangers au gymnase, ne voulut point s'occuper des pensions privées. Peut-être avait-il raison ; bien des années plus tard, les élèves étrangers trouvaient toute facilité à se placer comme pensionnaires chez des habitants de Montbéliard.

Mais le Conseil de régence eut certainement tort de ne pas faire suivre immédiatement le plan d'études d'un réglement de discipline. Sous le rectorat de Véron, tous les maîtres se plaignaient, comme Surleau, du mauvais caractère des élèves, devenus, depuis peu de temps, c'est-à-dire depuis la maladie du feu recteur Dubois, insubordonnés et raison-

(1) *Coll. Duvernoy.*

neurs. Le recteur lui-même avait peine à contenir sa propre classe. Peut-être ce manque de prestige de l'honnête Véron tenait-il à ce qu'il avait déposé, ainsi que les autres maîtres, la robe de cérémonie, et montait en chaire avec un habit de ville, qu'il appelait « un déshabillé décent et moins négligé qu'en la chambre. » La toque, en 1773, avait encore un prestige incroyable, que Véron ne comprenait point. Mais il était obligé de se plaindre, ainsi que ses collègues, de la suppression des punitions corporelles, « que rien ne remplace, disait-il, quoique la jeunesse mal morigénée de ce pays en ait autant besoin que dans d'autres. » Il réclamait gravement ce droit à la schlague en s'appuyant sur l'Ecriture, qui approuve les corrections, dans un passage de l'Ecclésiaste (1). « La jeunesse, ajoutait-il, est en grande partie mal morigénée: il n'y a qu'à passer dans les rues et les places publiques pour s'en convaincre. Au moins faudrait-il qu'elle fût mieux disciplinée dans les classes.... cependant il s'en faut beaucoup qu'elle le soit au point où il doit l'être. Il est à craindre que la discipline n'aille en empirant. Cette question est donc urgente (2). » Le corecteur David Duvernoy réclamait aussi le droit de correction (quoique son titre ne s'écrivît qu'avec une r). Enfin le gouverneur de Sponeck chargea les conseillers Rossel et Goguel de s'entendre avec les maîtres. Le 1ᵉʳ juillet 1775 on lut aux écoliers, réunis dans la grande salle, le règlement suivant :

(1) (Ecclésiaste, xxx.)
(2) Dès le 2 décembre 1772 le Conseil avait fait une ordonnance au sujet de la fréquentation des petites écoles. « Ceux de l'école des pauvres, disait-on, joignent des mœurs dépravées à une extrême négligence... Il faut arrêter cette malheureuse habitude de courir pétulamment les rues.... La note prise par le surintendant sera remise tous les mois sur le bureau du Conseil. »

Règlement de discipline pour les écoles latines et françoises de Montbéliard.

« Le Conseil de S. A. S. étant informé que malgré les soins et les exhortations des visiteurs et des précepteurs des écoles, ceux-ci ne sauraient venir à bout de contenir leurs écoliers dans les bornes de la décence, dans l'ordre et l'application d'où dépendent les succez de leurs premières études, et désirant de renfermer dans un seul et même règlement tout ce qui a été prescrit ci-devant et ce qu'il convient d'y ajouter aujourd'hui relativement à la discipline des écoles et *surtout* de celles du gymnase, a ordonné et ordonne ce qui suit :

1. Comme tous les précepteurs doivent avoir le même but dans la conduite des jeunes gens, chaque écolier, de quelque classe qu'il soit, sera tenu de se regarder comme sous l'inspection de chaque précepteur et de déférer à ses remontrances (article déjà contenu dans le règlement de 1774).

2. Les écoliers se comporteront avec décence dans tous les endroits où ils sont sous l'inspection de leurs précepteurs respectifs, dans la classe, dans les églises et dans toute l'étendue du gymnase.

3. Quand le précepteur entre dans la classe, tous les écoliers doivent s'y trouver en bon ordre aux heures fixées, chacun dans sa place, et s'abstenir de manger pendant les leçons (1).

---

(1) Y aura-t-il des dizainiers comme jadis pour maintenir l'ordre en l'absence du maître ?

4. Chaque écolier viendra en classe en manteau et aura soin d'aporter les livres, les plumes, l'encre, le papier et toutes les autres choses dont il a besoin (1)

5. Tout écolier exécutera exactement les tâches qui lui auront été prescrites pour la maison, et les présentera à réquisition du précepteur.

6. Tout écolier sera attentif pendant qu'on traite une leçon avec sa promotion, et quiconque sera trouvé causer ou s'occuper d'autre chose pendant ce temps-là, sera censé avoir comis une faute grave.

7. Quiconque ne sera pas tranquille ou s'occupera d'autre chose de ce qui lui est prescrit ou expressément permis pendant que le précepteur corrige les thèmes, ou qu'il traite quelque chose avec une autre promotion, sera punissable (2).

8. Tout écolier parlera avec décence, avec politesse et retenue en présence de son précepteur et lorsque celui-ci aura formellement imposé silence, si l'écolier ne se tait pas, il sera traité come un désobéissant (3).

9. Le précepteur ne souffrira jamais qu'un écolier lui désobéisse ni directement ni indirectement. Et si le cas arrive, l'écolier sera exclu des leçons et même chassé de l'école suivant l'exigence du cas, sans qu'il puisse y être de nouveau admis qu'après avoir donné la satisfaction et subi la peine que le précepteur jugera convenable dans la circonstance (4).

(1) Pourquoi cet acharnement à exiger le manteau ?
(2) M. de la Palisse aurait signé des deux mains !
(3) Naturellement ! La fin de la phrase est d'une naïveté singulière. Elle n'est pas de Bonsen assurément.
(4) Les articles 4 à 9 n'indiquent pas les peines qui seront infli-

10. Un écolier qui aura été exclu des leçons ou de l'école par son précepteur ne sera point admis aux leçons d'un autre dez que sa faute aura été communiquée à celui-ci (rayé).

11. Lorsqu'un écolier comettra plusieurs fois la même faute après en avoir été repris et même puni, il sera doublement punissable.

12. Les écoliers n'occuperont jamais d'autres places à l'église que celles qui leur sont assignées; ils y seront attentifs, y entreront sans bruit et décemment, et en sortiront de même sans s'arrêter et s'attrouper aux environs.

13. Aucun écolier n'ira à l'église sans manteau ni sans psautier.

14. Les écoliers en venant de la maison dans la classe, et en sortant de la classe pour retourner à la maison, observeront toute la retenue et la décence convenables, ne folatreront point et ne feront entendre aucun bruit, ni sur la galerie, ni dans la cour, ni dans la rue.

Et pour que le présent règlement soit suivi et exécuté à l'avenir avec exactitude et dans tous les points, ledit Conseil autorise chaque précepteur à infliger dans les différents cas de contravention les peines ci-après spécifiées.

Suivant que sa prudence et son discernement les trouveront applicables aux circonstances et analogues au caractère et aux dispositions du coupable ; savoir :

1° Les réprimandes et les censures plus ou moins fortes, suivant l'exigence des cas ; la nécessité de

---

gées : singulière lacune! Il est vrai que l'article 14 est peut-être suffisant. Mais que faisait une réprimande à des élèves qui n'avaient point honte de la prison ?

demeurer debout pendant un certain tems; de remettre au précepteur une lettre dans laquelle l'écolier avouerait sa faute et en demanderait pardon, et à laquelle le précepteur répondra par écrit suivant la nature du cas, enfin d'autres punitions de même nature.

2° Les arrêts dans la classe pendant la leçon pour plus ou moins de temps.

3° La prison dans la petite chambre du gymnase qui est à côté de l'école du recteur, peine qu'on diversifiera par degrés, en rendant la détention plus ou moins longue, et plus ou moins solennelle.

4° Le châtiment des verges pour les petits écoliers, et celui de la férule pour les grands: on n'emploiera la férule qu'à la dernière extrémité, toujours avec modération et de sang-froid; et la verge ne sera appliquée que sur les doigts, sinon en des cas graves et lorsque le coupable sera un jeune enfant.

5° Aucune des peines ci-dessus ne sera infligée que lorsque l'écolier s'y soumettra: s'il refuse de le faire, le précepteur n'ira pas outre, et n'emploiera pas la force pour l'y contraindre, et en ce cas l'écolier subira la peine de la désobéissance. (1).

5. L'expulsion, qui est le dernier degré de peines pour les écoliers réfractaires et obstinés poura comencer :

(a) Par exclure l'écolier des leçons sans l'exclure de la classe, pour lui laisser le temps de rentrer en lui-même et de reconnaître sa faute.

(b) Ensuite en cas d'obstination ultérieure il sera exclu de la classe même, mais avec l'espérance d'y être reçu de nouveau dez qu'il serait disposé à ren-

---

(1) Les peines cotées 1 à 5 ont du moins l'avantage de faire appel à la raison et à la conscience.

trer dans l'ordre en se soumettant à une satisfaction raisonnable, et dans le cas d'expulsion hors de la classe le précepteur en informera incessamment tant le surintendant que les parens de l'écolier, qui ne sera point admis aux leçons d'un autre précepteur dez que sa faute aura été communiquée à celui-ci.

Déclarant que les précepteurs tiendront une note exacte des fautes graves que comettra et des peines que subira chaque écolier pour être remise aux visiteurs des écoles lors de chaque visite et ensuite jointe à la relation qu'ils en font au Conseil.

Ordonnant enfin que le présent règlement sera lu et publié dans chacune des écoles latines et françaises par le précepteur, qui en prendra et en gardera copie, et en renouvellera la lecture et publication de six mois en six mois; à l'exécution de tout quoi lesdits surintendants et visitateurs des écoles tiendront la main.

Fait au Conseil le 1er de juin 1776.

Signé : F. A. COMTE DE SPONECK.
JEANMAIRE

(Archives du Doubs, E, 84).

Malgré la naïveté du style des premiers articles, la lecture de ce règlement aux élèves assemblés donna d'assez bons résultats. De plus, les visites étaient désormais mensuelles, au lieu d'avoir lieu seulement deux fois par année, à la saint Georges et à la saint Martin : les élèves se sentirent surveillés de près, et, malgré leur caractère, ils comprirent, pour quelque temps du moins, la nécessité de se montrer plus maniables. Les visites solennelles de la saint Georges et de la saint Martin constatèrent des progrès de plus en plus notables, et de la

part des maîtres et de celle des élèves. Il est vrai
que les candidats aux charges ecclésiastiques négligeaient fort le grec, parce que cette étude leur était
inutile, comme de notre temps l'on néglige les matières qui ne sont pas aux programmes d'un examen. Puis en 1779 le recteur fut assez gravement
malade; les visiteurs constatèrent une certaine faiblesse provenant de la multiplicité des objets auxquels les élèves étaient appliqués : latin, grec, hébreu, histoire, géographie, arithmétique, géométrie,
chronologie. C'était déjà la fameuse question du
surmenage, tant discutée en France depuis quelques années. En religion, les élèves étaient d'une
force suffisante, en histoire sainte également. Les
sciences plaisaient à la tournure de leur esprit : les
visitateurs faisaient expliquer devant eux la règle
de trois, les preuves de la division, et faire des problèmes algébriques; quant à la géométrie, peu
d'élèves étaient réellement forts, et Surleau se plaignait avec amertume de ce que la plupart désertaient pendant longtemps sa classe ou n'y venaient
pas ponctuellement. Quelques-uns, il est vrai, présentaient des « plans idéals » qu'ils avaient lavés
eux-même : ils étaient peu nombreux parmi les
vingt-cinq ou trente élèves de Surleau (1). Mais c'est

(1) Année	Nombre d'élèves	1re classe	2e classe	3e classe.
1773	44	11	11	22
1774	50	9	21	20
1775	45	11	14	20
1776	?	6	?	?
1777	48	11	13	24
1778	59	16	22	21
1779	59	15	20	24
1780	43	8	12	23
1781	44	11	11	22
1782	46	15	12	19

plutôt pour les sciences naturelles qu'ils étaient bien doués. Né en 1769, Georges Cuvier, dont la précocité a été extraordinaire, faisait alors ses études au gymnase. A treize ans, il avait copié, avec un talent extraordinaire, les 1008 planches enluminées que Buffon avait publiées sur les oiseaux; il avait presque toujours la première place dans les compositions, car il excellait dans les lettres comme dans les sciences. Après avoir organisé une petite société d'histoire naturelle avec ses camarades, Georges Cuvier fonda un peu plus tard, lorsqu'il était élève de rhétorique, une société littéraire qui dura plusieurs années. Avant d'être en rhétorique, Cuvier avait été encouragé par le professeur Surleau, qui avait su perfectionner lui-même ses propres connaissances en botanique et en histoire naturelle. Grâce à l'obligeance de M. Louis Meunier, conservateur du Musée, j'ai pu prendre connaissance d'un curieux manuscrit, préface d'une *Flore montbéliardaise*, œuvre de Wetzel, le contemporain, le camarade de l'illustre Montbéliardais. Cuvier, rapporte ce manuscrit, était de la même classe que Wetzel, bien qu'ayant quatre ans de moins; son condisciple a la modestie d'ajouter que pour la science, Cuvier avait dix années de plus que lui. Après avoir été ensemble à l'école française, ils se retrouvèrent sur les bancs du gymnase et restèrent inséparables. Surleau, esprit pratique, apprenait aux élèves à faire des pentagones, des hexagones, et à confectionner de petites boîtes en carton. Grand entomologiste, il menait ses élèves tous les jeudis collectionner dans la campagne des papillons et des chrysalides, ou encore des chenilles; il les faisait mettre dans de petites boîtes de carton, qui avaient un couvercle en verre; et il apprenait aux enfants de quelle espèce de feuille se nourrissait telle ou telle chenille. Celles-ci étaient soigneusement nourries jusqu'à ce qu'elles devinssent chrysalides, puis papillons. « Cuvier et moi, raconte Wetzel, nous ne pouvions nous passer l'un de l'autre : dans nos moments de loisir après des travaux plus sérieux, nous allions à la recherche des papillons. Cuvier, dans ce temps, était d'une faible complexion ; il n'était pas si agile ni si robuste que moi. J'attrapais les papillons et lui les peignait. Nous ne rentrions pas sans rapporter quelques objets ayant rapport à l'histoire naturelle ; nous trouvions de si belles fleurs que nous ne cessions d'en récolter et de les dessécher dans nos livres classiques : ce qui m'a rapporté quelques coups de bâton de notre précepteur. Il tombait sur moi et non sur Cuvier, en me disant que je m'amusais à des petitesses plutôt que de traduire de mauvaises versions : aussi je n'ai jamais appris le latin ni le grec ; » (Wetzel pourrait ajouter : « ni le français, ni l'orthographe, » car j'ai dû corriger les fautes dont son manuscrit est criblé). Cuvier, parait-il, d'après Wetzel, était « toujours occupé avec lui-même ; il ne jouait point avec ses camarades à la paume, à l'arbalète, aux échasses ; il ne se mêlait point à d'autres jeux et ne pensait qu'à ses livres. » Quant à Wetzel, il quitta le gymnase lorsque Cuvier alla suivre des cours à Stuttgard, et il ne revit plus son ami : n'ayant aucune instruction, il devint d'abord apprenti tanneur, puis finit, à force d'honnêteté et de travail, par acquérir quelque aisance. Il est vraiment touchant de le voir déplorer son ignorance, causée par sa propre faute, et s'attirer néanmoins, du savant botaniste Bernard, l'épithète bienveillante d'amateur passionné. Il allait, en effet, dans les lieux les plus escarpés pour compléter son herbier, qu'il a laissé au musée de sa ville natale. (1)

Cette petite digression suffit pour faire voir avec quelle ardeur certains jeunes Montbéliardais se lançaient dans l'étude des sciences depuis que le programme donnait enfin leur part aux mathématiques et à la géographie, permettant par cela même au professeur de faire quelques courtes excursions sur le terrain des autres sciences, et d'en donner le goût à ses élèves. Un mot du professeur, un encouragement, suffisent parfois pour décider de la carrière d'un adolescent.

Le recteur Véron ne pouvait certainement pas soupçonner que des savants remarquables sortiraient de son école. Mais il donnait à ses élèves des soins vigilants : il était secondé par le corecteur Jean-Georges Lalance, autrefois premier maître de l'école française, de 1753 à 1757, puis ministre à Désandans ; régent qui ne manquait pas de mérite ; par le sous-corecteur David Duvernoy, en fonctions depuis 1767, et par le lecteur Surleau.

Cependant le recteur, depuis 1779, était assez souffrant : alors se produisit le même phénomène que sous le rectorat de Bonsen ; le nombre des élèves, qui s'était élevé à plus de cinquante, redevint en 1780 ce qu'il était lorsque Véron entra en fonctions.

Néanmoins le nombre total des élèves était de 46 en 1782 ; mais alors le recteur Véron, épuisé par la maladie, était agonisant. Il mourut le 14 juillet 1782, âgé de cinquante-six ans. Comme il était resté célibataire, on déplora un peu moins sa mort que celle du recteur Dubois ; mais les élèves lurent sur sa tombe, selon le nouvel usage, une poésie naïve qui ne valait même pas celle qui avait été lue aux obsèques de son prédécesseur.

(1) *Archives de la Société d'Émulation.*

Sentimens
de
Reconnaissance répandus sur le tombeau
de
Monsieur
ULRIC DUCOMMUN
dit Véron
Recteur du Gymnase de la ville de Montbéliard,
décédé le 14 juillet 1782, à l'âge de 56 ans (1)
et inhumé le 15,
par
les Ecoliers qui composent sa classe.

Pallida mors æquo pede pulsat pauperumque
tabernas Regumque turres...

Horat. lib. I. Car.
Montbéliard, imprimé par J.-L. Becker.

---

(1) Fils d'un pasteur d'Etonon, dit Duvernoy dans la *Galerie bibliographique de la Hte-Saône*, publiée par Suchaux. Ducommun avait des connaissances très étendues dans les langue latine, grecque et hébraïque, comme dans la rhétorique et la philosophie ; il cultivait aussi la poésie française avec succès. Il est auteur de plusieurs ouvrages de littérature qui sont demeurés manuscrits.

O mort, que tes coups sont cruels !
Ni les prières, ni les larmes
Ne peuvent émousser tes armes
Quand tu veux frapper les mortels.
Tu frappes sans pitié l'ami fidèle et tendre ;
Rien ne peut te fléchir et rien ne peut suspendre
Les coups que médite ta main.
Tu ne frappes jamais en vain.

.*.

Sur tes pas marche la terreur,
Tu répands partout la tristesse,
Tu bannis du cœur l'allégresse,
Et tu l'accables de douleur ;
L'espérance aujourd'hui n'est plus pour nous qu'une ombre ;
Tu veux donc sans égard coucher dans la nuit sombre
Ce bon maître que nous aimons.
Ciel ! aujourd'hui nous le perdons.

.*.

Il n'est plus, ce fidèle ami !
La mort nous ravit sa présence.
Que va nous coûter son absence ?
Car trop tôt il s'est endormi.
Quoi ! ses rares talents, quoi ! sa vertu sublime,
Qui lui gagnaient nos cœurs, notre amour, notre estime,
N'ont donc pu l'arracher au bras
De la mort et du noir trépas ?

.*.

Recevés parmi nos regrets
Toute notre reconnaissance,
Et le tribut que notre enfance
Ne put vous refuser jamais ;

Si de nous le tombeau pour un temps vous sépare,
Cher Véron, à jamais, contre le sort barbare,
Dans nos cœurs nous conserverons
Vos préceptes et vos leçons.

.*.

Si vous délogés par la mort
De ce séjour plein d'amertume,
Si pour vous la torche s'allume,
Vous ne changés que votre sort :
Votre sort est heureux, et couronné de gloire
Vous cueillés pour jamais les fruits de la victoire,
Reposés vous donc doucement,
Nous vous aimerons constamment. (1)

Cette élégie est attribuée par Duvernoy à Léopold-Frédéric Fallot, alors âgé de vingt-deux ans, et étudiant en théologie : les vers sont assez plats pour être de lui.

A Véron succéda, le 8 août 1782, Pierre-Christophe Duvernoy. Né en 1749, celui-ci avait été maître de la première école française en 1773, puis ministre à Beutal depuis 1774. Ce fut le troisième ministre de Beutal qui exerça dans ce siècle les fonctions de recteur. Peut-être une influence secrète agissait-elle. Ce qui peut le faire supposer, c'est que le poste fut aussi vivement disputé qu'en 1768. Le candidat Jacques-Frédéric Duvernoy, précepteur des pages à la cour d'Anspach, devait être nommé : il refusa. Surleau rappela vainement que pendant le rectorat de Véron, il avait été chargé de la classe grecque, et que, de plus, il professait depuis onze années dans le gymnase. L.-F. Fallot réclamait de son

(1) *Bibl. de Montbéliard.*

côté comme étant le plus ancien candidat au saint ministère. Pierre-Christophe Morel élevait la voix : il faisait valoir ses années d'enseignement dans deux collèges d'Angleterre, où il s'était assimilé des méthodes pour rendre aisée l'étude des humanités. Le Conseil de régence vota par bulletins secrets : Marc-David Morel, ministre de l'église française à Stoutgard, fut choisi ; mais, comme il ne voulut point quitter son poste, Gaspard Parrot, ministre à Valentigney, obtint quatre voix, et Duvernoy cinq.

Elu à une faible majorité comme candidat du Conseil de régence, et nommé par le prince, le nouveau recteur devait manquer un peu de prestige, d'autant plus qu'il avait à peine trente-trois ans. Son administration, sans être mauvaise, ne fut pas heureuse. Les rapports des *visitateurs* constataient la faiblesse des élèves ; quelques progrès, mais insuffisants. Les visiteurs décidèrent donc que dans la suite il faudrait n'avoir égard qu'à la capacité et à la bonne conduite, non à l'âge ni au désir des parents pour le passage d'une classe à une autre. Cette mesure sévère avait été prise le 25 novembre 1784. Elle était inspirée par la lecture d'un rescrit du duc de Wurtemberg. Son Altesse déclarait « que depuis quelque temps on avait trouvé les étudiants de ce pays extrêmement faibles dans les langues sacrées ; » le surintendant Bonsen devait rendre compte de cette sévère appréciation aux parents des écoliers et aux précepteurs du gymnase.

L'année suivante, les mêmes plaintes se renouvelaient. Les visiteurs n'introduisirent pas le moindre changement dans le plan d'études ; ils organisèrent seulement des cours de musique vocale qui furent confiés à un maître nommé Pechin.

Les rapports disaient que les élèves étaient en

général très faibles. La plupart manquaient de principes et ne pouvaient par conséquent suivre avec profit les cours de la classe supérieure. Dans les deux autres, on leur donnait du travail au-dessus de leur portée, ce qui empêchait tout progrès. Leur négligence et leur dissipation « auxquelles les parents avaient beaucoup de part, » étaient sévèrement incriminées. Dans la haute classe, il n'y avait que six élèves bien faibles ; dans la seconde, trois sur douze étaient bons, les autres extrêmement faibles ; les vingt-sept élèves de la troisième classe étaient médiocres ; ils donnèrent une composition mauvaise, mais leur explication était meilleure. Bref, le collège périclitait, sans que le nombre des élèves fût tombé au-dessous de quarante-cinq : la qualité faisait défaut plus que la quantité. (1)

Devant l'hostilité ou la jalousie de plusieurs personnes, la position du recteur Duvernoy n'était plus tenable ; il démissionna, sous prétexte de maladie, le 17 juillet 1786, après avoir occupé son poste pendant un peu moins de quatre années.

(1) Année	Nombre d'élèves	1re classe	2e classe	3e classe
1783	49	12	17	20
1784	49	11	16	22
1785	45	6	12	27
1786	50	12	19	23

CHAPITRE V

Jean-Georges Surleau, recteur de 1786 à 1794 : nouveau changement du plan d'études ; les vacances ; enseignement du français et de l'allemand ; nombre des écoliers, leur pétulance. Occupation de Montbéliard par les Français ; fermeture du gymnase en 1794. Elèves distingués qui sont sortis de l'école latine et du gymnase.

Le diacre Jean-Georges Surleau, lecteur en mathématiques et en histoire depuis 1774, remplaça Pierre-Christophe Duvernoy comme recteur, le 19 juillet 1786. Il dut alors renoncer à la prédication, malgré les succès qu'il y obtenait, dit l'historien Duvernoy ; en effet, il n'était pas moins distingué par son éloquence que par son érudition variée et ses savants ouvrages. (1)

Cependant les pasteurs des églises de la ville et les précepteurs du gymnase s'entendirent pour rédiger un plan d'enseignement qui renfermerait quelques articles concernant la discipline. Ce plan, rédigé le 11 août, fut approuvé par le Conseil de régence ainsi que par le duc Frédéric-Eugène, le 17 août de la même année, et mis en vigueur immédiatement.

(1) Il est auteur d'un *Cours élémentaire d'arithmétique* (Bâle, 1781, in-8°) ; d'un *Cours abrégé de sphère et de Géographie universelle* (Montbéliard, J.-L. Becker, 1787, in-8°) ; en 1804 il publia une nouvelle édition de la *Semaine sainte* de Ch. Duvernoy,

Il résume en cinq articles les devoirs des précepteurs : ceux-ci doivent avoir du zèle à inspirer aux écoliers des sentiments de piété, l'horreur pour le mal et l'amour pour la vertu ; être appliqués à leur faire faire des progrès : avoir une exactitude rigoureuse à se rendre aux classes dès l'heure fixée et à y rester le temps prescrit ; une constante assiduité aux offices de l'église, où ils obligeront les écoliers à se rendre régulièrement et en manteau ; ils avertiront les parents « des pétulances et négligences de leurs enfants. »

Suit une brève énumération des devoirs des écoliers : l'exactitude à se trouver dans la classe à l'heure fixée ; la propreté et la bonne tenue (ils n'iront en classe qu'en manteau) ; le respect et l'obéissance envers leurs supérieurs, leurs précepteurs et leurs parents ; la diligence à apprendre chez eux les leçons, à faire leurs thèmes (ou devoirs) et à se préparer aux questions qu'on traitera dans la classe suivante ; l'assiduité à l'église, où ils ont une place particulière.

Les vacances étaient autrefois beaucoup trop longues. Le magistrat, dès 1705, avait rédigé des représentations parce qu'il les trouvait trop fréquentes : on ne faisait classe, en réalité, que pendant un tiers de l'année, et, à cette époque, il n'y avait point d'internat, de telle sorte que tous les élèves, pendant les jours de la semaine qui n'étaient point consacrés aux classes, retombaient à la charge de leurs parents ou correspondants. Il y avait en effet trois jours de vacances par semaine : la moitié du jeudi et du vendredi, les journées entières du samedi et du dimanche, ce qui donne un total de cent cinquante-six jours. Ajoutons-y les vacances accordées à l'occasion des moissons et des vendanges, c'est-à-dire quarante-deux jours; les huit jours de la semaine de Pâques, six pour les vacances de Noël et du Nouvel an, un jour et demi à l'occasion des huit foires de l'année; quatre pour le lendemain de grandes fêtes, sept enfin pour les occupations des précepteurs pendant l'année, et que ceux-ci pouvaient prendre de droit : on arrive ainsi au respectable total de *deux cent trente-cinq jours de vacances* (1). Il est vrai que pendant les semaines ordinaires on donnait aux élèves quelques travaux à faire à la maison. Néanmoins le Conseil de régence mit bon ordre à ces abus : il supprima les vacances des jours de *foires récrides* et des lendemains des autres foires principales : en 1774, cette suppression fut confirmée, ainsi qu'en 1787; mais l'usage était plus fort que la règle, ce qui s'est encore vu tout récemment, lorsqu'on eut grand'peine à supprimer les vacances des jours de foires pour les écoles primaires, après les avoir abolies pour les collégiens. Un peu après 1786, le 23 mars 1791, les visiteurs donnèrent an Conseil de régence un avis sur la diminution des vacances : d'après leur rapport, on supprima les congés donnés à l'occasion des foires, sauf pour les quatre foires principales; pendant la *grande semaine* ou semaine sainte les élèves durent être conduits à l'église *tous les matins*, et le soir ils suivirent des leçons sur l'histoire de la Passion; pendant les vacances des moissons, qui devaient durer trois semaines au plus, les maîtres faisaient classe le matin, sauf le samedi, et donnaient des devoirs à faire pour l'après-midi (bien entendu, pour les écoliers de la ville qui restaient présents au lieu de travailler

---

(1) *Coll. Duvernoy.*

aux moissons); quant aux vacances des vendanges, qui duraient autant que celles de la chancellerie, elles étaient conservées ; mais des devoirs de vacances devaient être donnés. Enfin le Conseil de régence supprima les vacances de l'après-midi des jours de conférences ecclésiastiques. C'était la confirmation et même l'aggravation des mesures édictées par le règlement de 1786 : car ce règlement avait établi trois semaines de vacances pour la moisson, pendant lesquelles on ne donnait que trois heures de leçons le matin *les trois premiers jours de la semaine; et trois semaines de vacances* pour les vendanges, pendant lesquelles il n'y avait plus de cours; la semaine sainte, les élèves ne devaient aller à l'église que les trois derniers jours. Le règlement de 1785 donne la liste des ouvrages autorisés pour chaque classe. Dans la classe préparatoire, les enfants auront la grammaire latine, le *Tyrocinium linguæ latinæ* ou application des déclinaisons et conjugaisons par les règles de l'étymologie et de la syntaxe ; ils se servaient de l'*Orbis sensualium pictus de Commenius*. La classe du corecteur avait la grammaire, le *Latium in Compendio* par Weiss (première partie); les Dialogues de Castellion; puis, quand les écoliers pouvaient composer sans faute un thème assez simple, on leur mettait entre les mains la prosodie latine, la grammaire grecque de Weller, le manuel de Pasor, les Dominicales, qu'ils traduisaient du grec en latin. Les élèves de la classe du recteur avaient comme prosateurs latin l'abrégé d'histoire d'Eutropius, Cornelius Nepos (bien facile auteur), Cicéron, Salluste ; le *Latium in compendio* (deuxième partie); pour le grec on leur donnait la grammaire de Weller, le *Compendium linguæ græcæ* de Leusden, le Nouveau

Testament; la poésie latine était représentée par les Tristes d'Ovide, Virgile, les Odes choisies d'Horace; on apprenait l'hébreu avec la grammaire de Schickard, le *Compendium* de la langue hébraïque par Leusden, la *Janua linguæ hebraicæ* de Reineccius, et la Bible hébraïque : deux heures par semaine, dont une le jeudi, étaient consacrés à cette étude. Le recteur devait employer la Logique de Layritz, en usage dans le Wurtemberg, et une Rhétorique à son choix. Le vendredi matin, une demi-heure était consacrée à la musique vocale ou chant des psaumes, qu'enseignait le maître Pechin, et après lui Cucuel, en 1789.

Le nouveau lecteur qui remplaçait le gymnasiarque devait employer pour l'enseignement de la géographie, pour celui de la géométrie et de la trigonométrie, le cours élémentaire de Surleau ; mais pour l'histoire et les autres parties des mathématiques, il devait faire usage de ses propres cahiers ou des livres qu'on trouverait bon d'introduire par la suite. (1)

Le plan d'études du 11 août 1786 est signé du surintendant adjoint Duvernoy, du pasteur Pierre-Conrad Morlot (qui avait été corecteur, puis diacre

(1) Le Prince ordonne que la recette ecclésiastique fasse réimprimer la grammaire latine et le *Tyrocinium*; qu'elle achète à l'étranger un nombre d'exemplaires suffisant des autres livres et les vende aux parents, qui les auront ainsi à meilleur compte que des libraires allemands. Le 19 janvier 1782, le libraire Jean Schweighauser de Bâle envoya 36 *Comenius* à 2 livres 15 sols, 24 *Eutropius* à 10 sols, 22 *Layrizii Logica* à 1 liv. 10 s.; 12 *Bible Ostercald* à 4 l. 10 s.; le 7 avril il fit parvenir : 12 *Leusdeni Compend. ling. græcæ* à 1 l. 10 s., et 12 *Compend. ling. hebr.* à 1 l. 5 s. ; le 25 juin, 36 *Weissii Latium in Compendio* à 4 livres. Le libraire Becker imprimait alors la grammaire latine dite de Montbéliard, dont Surleau était l'auteur, et qui remplaça celle de Duvernoy.

de la paroisse allemande, de 1769 à 1785); du pasteur J.-G. Duvernoy, des conseillers J.-Fr. Morel, C.-V. Piguet, G.-F. Duvernoy : pas un de ces conseillers n'était capable de faire d'utiles innovations dans le programme. Le surintendant Bonsen était malade et âgé de quatre-vingt-sept ans; il n'avait pu réclamer contre cet emploi d'auteurs latins de force singulièrement inégale. Personne ne réclame pour l'histoire locale, la physique élémentaire, l'allemand et le français. Le nouveau plan d'études ne marque guère de progrès que dans le système disciplinaire. Cependant, l'enseignement du français fut confié en mars 1791 aux précepteurs ordinaires, et le ministre Duvernoy enseigna l'allemand. Ce qui peut étonner, c'est que personne n'ait eu l'idée de créer plus tôt cette chaire d'allemand au gymnase, dans une ville où il y avait, au XVIII siècle, une petite école allemande. « Cette langue est nécessaire, disaient les visitateurs en 1791; elle est la langue de la nation; les étudiants ne peuvent s'en passer, la théologie étant partout enseignée en allemand; les jurisconsultes et théologiens ont besoin de cette langue pour leurs travaux; enfin les parents n'auront plus à envoyer leurs enfants en change ou en pension chez les Allemands. » L'enseignement de la langue allemande, en effet, avait toujours été considéré comme un complément peu nécessaire : au temps de l'école latine, les jeunes élèves avaient entre les mains les Dialogues de Mathurin Cordier, édités par Foillet en 1603, ou plus tard ceux de Sebald Heyden, publiés par Biber en 1680: ce sont des dialogues trilingues assez curieux pour l'histoire de la pédagogie. L'ouvrage de Sebald Heyden, intitulé *Formulæ colloquiorum puerilium*, commence par un dialogue entre les élèves Andreas et Balthasar. Il est intitulé: *Salutatio matutina*, Morgen-Grusz, Salutation du matin. Andreas dit: *Bonus dies, Ein guten Tag, Bon jour*; l'autre répond: *Deo gratias, Gott sey Danck*, grâce à Dieu. Puis les dialogues augmentent un peu en difficulté. Le dialogue XIV est intitulé : *De præparamentis ad scribendum. Da man sich zum schreiben schickt*, Pour se préparer à écrire. Petrus dit à Quirinus : *Para mihi hanc pennam, Schneide mir die Feder*, Travaillez-moi cette plume. Quirinus répond : *Est tibi cultellus, Hast du ein Messerlein*, Avez-vous un canivet ? etc... Une instruction aussi sommaire obligeait les écoliers qui avaient plus tard besoin de la langue allemande à recourir aux répétitions que faisaient des particuliers, ou bien à passer quelque temps, soit à Strasbourg ou à Bâle, soit même en Allemagne.

Quant à l'enseignement du français, préconisé par Rollin, qui fut à son époque un réformateur, je ne dirai rien de son utilité : la grammaire employée fut celle de M. de Wailly, que la Recette ecclésiastique fournit gratuitement aux élèves (1791).

Les maitres qui secondaient le recteur Surleau étaient le corecteur Jean-Georges Lalance; le sous-corecteur Jacques-Frédéric Duvernoy, qui, précepteur des pages à Anspach, remplaça le 19 juillet 1787 David Duvernoy, mort à son poste après vingt années d'exercice; Pierre-Christophe Morel (1) (9 janvier 1789) qui avait été maître de la deuxième école française de 1769 à 1778, et ensuite ministre d'Allanjoie; le lecteur était Georges-Frédéric Sahler, diacre (4 juin 1785-1787) qui eut pour successeur Léopold-Frédéric Masson (1787-1792); celui-ci,

---

(1) Omis par M. Tuefferd dans sa liste. *(Mém. de la Soc. d'Emul. 1857).*

moyennant un traitement supplémentaire de 110 livres, continua ses fonctions de lecteur en devenant sous-corecteur et diacre de l'église du faubourg, le 26 juin 1792.

A la veille de la Révolution, l'opinion publique se prononçait fortement contre la routine universitaire, et l'étude exclusive du latin et du grec. Je ne puis résister au plaisir de citer Mercier, auteur du Tableau de Paris (1782) : « Le petit bourgeois dit d'un air capable à ses voisins : « Oh ! le latin conduit à tout ; mon fils saura le latin. » L'enfant va au collège, où il n'apprend rien : sorti du collège, c'est un fainéant qui dédaigne tout travail manuel, qui se croit plus savant que toute sa famille et méprise l'état de son père... Il va partout sollicitant de l'emploi. N'est-il pas ridicule et déplorable de voir des boutiquiers, des artisans, des domestiques même, vouloir élever leurs enfants ainsi que font les premiers citoyens, se repaitre d'une profession imaginaire pour leurs descendants, et répéter imbécilement d'après le régent de sixième : oh ! le latin conduit à tout. » Les collèges de plein exercice, indiscrètement ouverts à tout le monde, ne font que verser sur le pavé de Paris, une multitude d'inutiles sujets. »

Plusieurs années auparavant, La Chalotais écrivait : « On a négligé ce qui concerne les affaires les plus communes et les plus ordinaires, ce qui fait l'entretien de la vie, le fondement de la société civile. La plupart des jeunes gens ne connaissent ni le monde qu'ils habitent, ni la terre qui les nourrit, ni les hommes qui fournissent à leurs besoins, ni les animaux qui les servent, ni les ouvriers et les artisans qu'ils emploient... Ils ne savent admirer ni les merveilles de la nature ni les prodiges des arts. »

Voltaire réclamait pour l'étude de l'histoire et des mathématiques. Rolland d'Erceville s'écriait : « Ne devrait-on pas proportionner aux talents et aux besoins des jeunes gens pour l'éducation qu'ils doivent recevoir ? » C'était l'idée de Voltaire : que chacun apprenne de bonne heure tout ce qui peut le faire réussir dans la profession à laquelle il est destiné. *(Dict. philos.* Art. : *Education).* Mais tous les Montbéliardais ne lisaient pas Voltaire.

La force des études restait stationnaire dans toutes les classes. Les visiteurs louaient particulièrement les réponses faites en religion, en arithmétiques et en géométrie; les leçons de géographie étaient bien suivies, et, à leur avis, « très avantageuses à la jeunesse; » mais tous les élèves des deux classes supérieures ne suivaient plus les cours de mathématiques ; il n'y en avait que 20 sur 28 en 1787. Les visiteurs firent encore changer des livres qui ne convenaient plus à la haute classe, comme Cornélius Nepos et Ovide (en 1788), maintinrent l'usage de corriger les thèmes et versions en présence des élèves, et recommandèrent de faire traduire toutes les semaines une épître de Cicéron ou un morceau de quelque bon auteur « afin que les écoliers acquièrent quelque aptitude dans le style français. » Le Conseil de régence fit faire en outre des visites extraordinaires depuis 1788, et décida même en 1789 que les visiteurs se rendraient alternativement toutes les semaines dans les classes pour faire un rapport s'ils le jugeaient absolument nécessaire : quelques désordres avaient amené cette mesure.

Les visiteurs avaient fait plusieurs autres innovations. Ils avaient décidé que les actes oratoires, qui faisaient perdre du temps, seraient réservés aux bons élèves sur le point de quitter le gymnase : ces fêtes étaient toujours fort appréciées, à tel point que le Conseil de régence plaçait des huissiers pour empêcher le tumulte aux avenues de la salle où l'acte oratoire avait lieu.

Il aurait fallu pouvoir en placer aussi dans les écoles : l'esprit révolutionnaire fermentait au gymnase comme dans les clubs de Paris en 1791 ; les élèves, aussi nombreux qu'ils l'avaient jamais été, étaient beaucoup trop remuants et émancipés. (1) « Les parents, disait le Conseil de régence, montrent trop d'indulgence pour leurs enfants. Les plus grands vont dans les hautes classes en l'absence des précepteurs, moins pour se préparer à leurs leçons que pour parler de nouvelles, pour jouer, pour faire des polissonneries et des pétulances, souvent même pour se disputer et pour se battre. » Il fut ordonné aux maîtres d'indiquer une heure précise pour l'entrée en classe, et de s'y trouver eux-mêmes présents à la minute. L'année précédente, le duc Frédéric-Eugène avait accordé au Conseil de régence de prendre 24 livres par an sur les revenus de la rente des églises, pour acheter des prix aux élèves les plus méritants, que l'on choisissait d'après les notes remises par les précepteurs sur tous leurs écoliers : mais ces prix ne furent point décernés, à cause de la mauvaise con-

(1) Année	Nombre d'élèves	1re classe	2e classe	3e classe
1787	54	21	10	23
1788	55	15	15	25
1789	47	13	11	23
1790	49	14	14	21
1791	52	12	14	26
1792	63	21	22	20
1793	55	10	17	28

duite des écoliers. Le Conseil de régence voyait avec beaucoup de regret que le recteur Surleau, intelligent, actif et très instruit, ne pouvait venir à bout de ces turbulents garçons. « La jeunesse de la ville, disaient les conseillers, est devenue plus dissipée, plus pétulante et plus indisciplinable que jamais: les précepteurs, irrités et poussés à bout, sont obligés à infliger des châtiments sévères et même rigoureux. On leur interdira de se servir de baguettes, de bâtons, de donner des soufflets, des coups de poing et de pied, de tirer les oreilles et les cheveux. Ils devront seulement donner des coups de verges de bouleau, sur le dos et sur les mains. Il faudra distinguer entre les actes de négligence volontaire et inexcusable, et ceux de pétulance, aussi bien que ceux de malice et d'impiété. Les plus graves seront signalés aux visiteurs. Les paroles et les actions criminelles pourront être dénoncées au Conseil ecclésiastique. Les précepteurs devront fournir à chaque visite des notes sur tous les élèves. Enfin ceux qui se destinent au ministère ecclésiastique et seront reconnus impies, malfaisants et indociles, ne pourront, par décision de Son Altesse Sérénissime, obtenir d'être envoyés comme stipendiaires au collège de Tubingue. »

L'indiscipline et l'impiété coïncidant avec la fai-

(1) Le règlement de 1786 supprimait l'internement dans une petite chambre du gymnase, parce que les élèves « en faisaient un sujet de plaisanterie et de badinage plutôt que de honte et d'humiliation. » Mais ce règlement laisse l'administration des châtiments « à la prudence et à la discrétion des maîtres », en leur recommandant toutefois de faire une distinction entre les fautes d'étourderie et celles qui dénotaient de la méchanceté. Au lieu de défendre les peines corporelles comme en 1774, on finissait par les rétablir : cela nous en dit beaucoup sur les élèves. *(Archives du Doubs.)*

blesse des études, c'étaient de très mauvaises conditions pour le gymnase. Mais les Montbéliardais n'y accordaient sans doute que peu d'attention : chacun était à ce moment préoccupé de l'avenir; car le flot révolutionnaire, que Louis XVI n'avait pu contenir, menaçait d'envahir les pays situés à la frontière de la France. Dans Montbéliard même, il y avait des jacobins qui souhaitaient ardemment l'invasion française; leurs amis du dehors les encourageaient; la bourgeoisie tremblait pour son indépendance et redoutait la perte de ses antiques privilèges, dont tous les souverains du pays, à leur avènement, juraient la scrupuleuse observation. Enfin le général Desprez-Crassier occupa Montbéliard; quelque temps après (octobre 1793) le conventionnel Bernard (de Saintes) y fit lui-même son entrée. On sait la réponse que lui fit le maire Ferrand, quand le conventionnel parla de la liberté qu'il apportait au pays de Montbéliard : « Vous vous trompez, dit-il; cette liberté, nous la connaissons depuis longtemps, et nos princes nous en ont fait jouir. — Pas un mot de plus, répliqua Bernard, furieux : j'ai des canons tout près d'ici. » Après ces menaces, les Montbéliardais, voyant que l'occupation n'était point près de cesser, retirent en grand nombre chez eux leurs enfants, au lieu de les envoyer au gymnase, où Surleau professait toujours, malgré l'incertitude du lendemain (1). Sans doute beaucoup d'étrangers rappelèrent aussi leurs enfants, pensionnaires en ville. Ce fut une époque de crise pour le gymnase; mais il restait ouvert néanmoins, lorsque les revenus de la recette ecclésias-

---

(1) Mss. de M. Beurlin. — Roy : *Le pays de Montbéliard pendant la Révolution*. Les paysans n'avaient pas cette liberté.

tique furent saisis par Bernard (de Saintes). Or, c'est avec ces revenus que l'on payait les gages des maîtres et que l'on subvenait à l'entretien des bâtiments. Comme ces derniers furent en même temps saisis comme biens nationaux, Surleau fut obligé de licencier les élèves en mai 1794. Ainsi que dans beaucoup d'autres villes, la Révolution, malgré les projets d'instruction publique médités par Talleyrand, Lepelletier et Condorcet, portait un coup fatal aux établissements existants par la saisie des revenus ecclésiastiques.

Depuis le 4 octobre 1794, les bâtiments vides du gymnase furent loués à divers individus (1). Peut-être les turbulents écoliers regrettaient-ils de ne pouvoir rentrer dans ces murs témoins de leur indiscipline : quant au recteur Surleau, dont l'appartement avait été tout récemment réparé, agrandi et embelli, il se trouvait sans place, à cinquante ans; de même que ses collaborateurs (2). Il devint pasteur à Valentigney, y demeura même lorsque les pasteurs furent persécutés par l'athéisme, puis exerça les fonctions d'inspecteur ecclésiastique (en 1806), et de ministre à Mandeure depuis 1817 jusqu'à 1826, époque de sa mort. Le corecteur Lalance exerça les fonctions d'instituteur à Montbéliard et le sous-corecteur Masson fut plus tard pasteur de l'église allemande.

L'établissement servit bientôt de local pour l'instruction primaire, et des instituteurs y furent établis pour une période qui dura plus de douze ans : après que des réparations eurent été faites en

---

(1) Mss. Beurlin.
(2) De 1787 à 1791, on avait dépensé au gymnase 5872 fr. 15 2/3. Note du notaire Goguel en 1808). *(Archives de la Mairie.)*

fructidor an 4 (août 1796), l'administration centrale du département du Mont-Terrible (dont Porrentruy était le chef-lieu), décida que les deux écoles primaires seraient établies dans les bâtiments du gymnase et des écoles françaises, où les instituteurs seraient logés (4 thermidor an 5, 22 juin 1797).

Il fut question de vendre comme biens nationaux le gymnase et l'école française : la municipalité protestait avec énergie, affirmant que ces bâtiments n'appartenaient pas au duc de Wurtemberg, qu'on ne pouvait donc les séquestrer, parce qu'aucune loi n'autorisait à saisir les biens de l'ancienne recette ecclésiastique. Comme ces bâtiments avaient été affectés au logement des instituteurs et des institutrices, ils devaient être considérés comme biens communaux, en vertu de l'article 6 de la loi du 3 brumaire an 4 (26 octobre 1795).

Le Conseil des Cinq cents nomma une commission le 12 prairial, pour examiner cette affaire : le ministre dit à ce moment qu'on ne pourrait, jusqu'à la loi à intervenir, aliéner aucun de ces biens. Enfin deux arrêtés des administrations centrales de la Haute-Saône, datés du 1ᵉʳ vendémiaire an 5 (22 septembre 1796) et du Mont-Terrible (4 thermidor an 5, ou 23 juin 1797) laissèrent à la commune les bâtiments du gymnase et des écoles françaises pour continuer à être consacrés au service de l'instruction publique (1).

Le gymnase n'existait plus : sa ruine excitait les regrets des habitants de Montbéliard, dont un si

---

(1) *Archives de Montbéliard.*

Voir, sur l'enseignement public dans le Doubs en 1789, la Note publiée par M. Pingaud en 1886. *(Revue de l'enseignement secondaire et de l'enseignement supérieur.)*

grand nombre avait passé de longues années sur ses bancs, pour y recevoir une instruction solide. Je ne veux pas dire que cette instruction ait été parfaitement accommodée aux besoins de ce temps. Sans doute le latin était fort utile au XVI° siècle, lorsque les ouvrages des savants, leur correspondance, s'écrivaient en cette langue; lorsque les actes judiciaires et diplomatiques, les discours publics prononcés par les personnes en charge, étaient rédigés en latin. Le caractère des sociétés, depuis le XVIII° siècle, exige quelque chose de plus : il ne suffit pas d'avoir un esprit orné au sortir du collège, et d'être seulement préparé à tout apprendre ; il faut aussi garder de ses années d'études quelques connaissances *usageables*, comme disait le conseiller Sahler en 1768. Nos ancêtres se contentaient, vers l'an 1600, de savoir le français, le latin et les quatre règles : la physique et la chimie n'étaient pas alors des sciences constituées, dont les applications multiples nécessitent une si grande somme de connaissances. L'histoire était trop peu étudiée alors, parce que la politique n'avait guère à s'en servir, et que les maîtres la connaissaient peu ; la géologie n'existait point encore ; l'étude de la cosmographie était réservée à quelques rares adeptes. Maintenant, c'est chose secondaire que de savoir se présenter et parler avec élégance : avoir des connaissances étendues, une volonté ferme, voilà ce qui est nécessaire au jeune homme qui paraît dans « le combat de la vie. » A une société hiérarchisée et aristocratique, il fallait une instruction aristocratique ; à une société industrielle, il faut avant tout un enseignement industriel.

Nous devons le reconnaître : les professeurs actuels des collèges communaux sont bien rarement capables d'écrire d'élégants vers latins ou même une ode saphique, en vers grecs, à la gloire d'une municipalité quelconque : mais si des qualités solides remplacent les petits talents brillants chez les professeurs et les élèves ; si, dans un siècle positif, les sciences sont ardemment étudiées au détriment de l'éducation classique, telle qu'on la comprenait autrefois, faut-il donc s'en montrer désespéré ?

Agésilas, qui vivait bien longtemps avant nous, répondait déjà, avec son solide bon sens de Lacédémonien, à qui lui demandait ce qu'il fallait apprendre aux enfants : « Qu'ils apprennent ce qu'ils auront besoin de savoir lorsqu'ils seront hommes. » Au siècle dernier, quelques Montbéliardais seulement avaient la pleine conviction qu'une réforme nouvelle était nécessaire : ils regrettaient donc le gymnase, la vieille école latine, malgré les lacunes de son enseignement. Ils se rappelaient combien d'élèves distingués en étaient sortis et avaient honoré leur ville natale.

On a plus d'une fois comparé le Franc-Comtois, actif, tenace, défiant et réfléchi, au Suisse son excellent voisin : le Montbéliardais est un Franc-Comtois élevé à la deuxième puissance. Il n'est ni Français, ni Allemand, ni Suisse : il est lui-même. C'est ce qui fait sa valeur et son originalité : il tient de la France sa langue claire et précise, son accent franc-comtois lourd et traînard, avec une grande partie de ses coutumes ; de l'Alsace, cette France germanique, et du Wurtemberg, dont les souverains furent les siens depuis le déclin du moyen-âge jusqu'à 1793, il a pu acquérir sa manière de vivre, son goût pour les recherches scientifiques qui demandent le plus d'efforts, de patience et de suite dans le travail. En général, le Montbéliardais est doué de qualités plus solides que brillantes : il a plus d'application que de facultés intuitives, plus de conscience que de grâce dans ses ouvrages, plus de force que d'élégance dans le style, plus de jugement que d'imagination. Montbéliard a eu des versificateurs : il n'a pas compté, jusqu'à la fin du XVIII° siècle, un seul poète de grand mérite parmi ses enfants : à la rigueur j'en pourrais dire autant de la Franche-Comté d'autrefois, qui a produit un si grand nombre de médecins, de prêtres distingués, d'hommes politiques, puis de mathématiciens, de physiciens et de généraux. Il faut arriver au XIX° siècle pour trouver des artistes franc-comtois et montbéliardais qui cherchent autre chose que l'imitation scrupuleuse de la nature. Sans parler ici de l'influence des croyances religieuses, qui est facile à constater, je remarquerai en dernier lieu que le voisinage de la Suisse et de l'Allemagne, l'organisation d'un enseignement inspiré par la pédagogie allemande, ont depuis des siècles donné aux Montbéliardais certaines qualités de l'esprit germanique sans leur ôter toutes celles de l'esprit français : ce qui se voit chez les Français du Canada, qui, au contact des Anglais, ont gagné plus de sérieux et de ténacité. L'influence d'une école latine, fortement constituée, sur le génie des hommes distingués du pays, est pour moi quelque chose d'indéniable.

Dans la seconde moitié du XVI° siècle sortent de la vieille école latine Nicolas Taurellus ou Tourelot, médecin et philosophe, les diplomates Dinoth et Hector Carray, les pédagogues Viénot Barthol, Guyon Brisechoux, Pierre Tuefferd et plusieurs pasteurs distingués (1); au XVIII° siècle se sont assis

(1) Daniel Toussaint (1541-1602) est peut-être le plus remarquable.

sur ses bancs les médecins Jean-Nicolas et Georges Binninger, le pasteur Ch. Duvernoy, le diplomate Pierre Vessaux, l'ingénieur Jean Flamand, le jurisconsulte Abraham Marconnet.

Mais le gymnase, au XVIII° siècle, donna les éléments de l'instruction à un nombre étonnant d'hommes de mérite. Je vais citer les principaux : J.-F. Scharffenstein, traducteur; Gaspard Binninger (1691-1751), savant dans les sciences physiques; Jean-Georges Duvernoy (1691-1759), auteur d'une *Flore de Tubingue;* Jean-Jacques Duvernoy (1709-1805), pasteur, de la secte des Moraves; et son frère Léopold-Frédéric.

Un peu plus tard se font remarquer Léop.-Fréd. Blanchot, journaliste à Paris; David-Charles-Emmanuel Berdot (1738-1780), médecin distingué, fils de Léopold-Emmanuel le botaniste; J.-J. Paur, qui traduisit une *Confession de la foi des memnonistes* et l'*Histoire de la Réforme,* de Seckendorf; Caspar Goguel (1737-1809), qui traduisit de Stuart de Cott les *Recherches des principes d'économie politique* (Montbéliard, 1769, in-8°); Georges-Louis Kilg (1742-1816), pasteur, sous-préfet de Baume; Ulric-Jérémie Binninger, poète agréable, dont le fils avait aussi quelque talent; P.-F. Bernard, de Saint-Julien, qui a laissé une *Flore montbéliardaise* (1746-1825); Christophe-Frédéric Parrot (1751-1812), mathématicien; Jean-Léonard son frère, philologue; Ch.-Franç.-Philibert Masson (1761-1807), auteur de la *Nouvelle Astrée.* Dans cette époque de transition qui comprend la fin du XVIII° siècle et le commencement du XIX°, Montbéliard a produit des hommes remarquables dont l'un est même illustre à jamais : Georges-Frédéric Parrot (1767-1852), professeur de physique et recteur de l'Université de Dorpat (1800);

Georges Cuvier (1769-1832) est un de ces hommes qui honorent leur siècle et l'humanité tout entière : il vaut mieux ne pas faire son éloge que le faire médiocrement. Je rappellerai qu'il fut membre de l'Institut à 27 ans, et à 30, professeur au Collège de France. Il a créé la paléontologie et réformé la classification des êtres vivants. Georges-Frédéric Cuvier (1773-1838), son frère, soutint dignement son nom. Laurillard (1783-1855) a été le plus utile collaborateur de Cuvier; Georges-Louis Duvernoy (1777-1855) fut professeur dans la même chaire au collège de France. Charles-Léopold-Eberhard Duvernoy, dit *le Juge* (1774-1850), a publié de savantes Ephémérides, et laissé à la bibliothèque de Besançon une collection de documents inédits. Les compositeurs Frédéric et Charles Duvernoy (nés en 1765 et 1756) sont aussi de cette famille qui a produit tant de savants et d'écrivains de mérite.

Les généraux wurtembergeois Forstner, Scharffenstein et Lalance, furent, d'après Duvernoy, élèves du gymnase, On s'explique facilement que les Montbéliardais aient souhaité avec ardeur la restauration d'un établissement d'où étaient sortis depuis 1554 tant d'écrivains, de pasteurs et de savants remarquables à différents titres (1).

Si le XVIIIe siècle avait vu naître à Montbéliard plusieurs hommes distingués dans les sciences naturelles, on remarquait dans notre ville, pendant les deux siècles précédents, plutôt d'habiles médecins, des diplomates et des pasteurs de mérite. Chaque siècle a eu, par conséquent, ses productions

---

(1) *France protestante*, par Haag ; Goguel : *Hommes remarquables du pays de Montbéliard* ; Suchaux : *Biogr. de la Haute-Saône.*

spéciales, ses talents différents : telles plantes ont besoin pour prospérer d'un sol et d'une atmosphère convenant à leur nature ; ainsi les talents naissent d'une façon mystérieuse sous l'influence de circonstances locales et temporaires. Dans notre siècle, plus varié en ses productions, Montbéliard a eu des savants, des professeurs, des historiens, et des ingénieurs de mérite. Dans une première génération, il faut citer Jacques-Frédéric Laigey, physicien. M. Tuetey père, professeur en Russie, a donné quelques travaux. On a de M. C.-L. Tuefferd, pasteur (1805-1863) des Annales (manuscrites) de Montbéliard ; J.-F.-G. Fallot (1807-1836) fut un philologue d'un mérite éclatant ; Ackermann (d'Altkirch) élève du collège (1812-1846), fut aussi un philologue de talent ; Eugène Haag (1808-1868) et son frère Emile furent des érudits consciencieux ; comme M. Luc Wetzel (1814-1871) et M. Ch. Cuvier, professeur à la Faculté de Strasbourg. Pierre-Fréd. Dorian (24 janvier 1813 - avril 1873), fut ministre des travaux publics de la Défense nationale

Henri-Charles-Louis Duvernoy (1820) est professeur au Conservatoire de musique, comme l'a été son frère Charles (1818-1872) ; M. Ch.-Louis-Clément Duvernoy (1819) a publié de savantes études dans les *Mémoires de la Société d'Emulation de Montbéliard ;* M. Ch. Contejean (1824) est le digne continuateur de Bernard et de Berdot par son *Enumération des plantes vasculaires des environs de Montbéliard* (1856) ; créateur du musée d'histoire naturelle de cette ville, M. Contejean est professeur à la Faculté des sciences de Poitiers, et a publié plusieurs ouvrages de géologie. Charles Mouhot (1828-1861), autre botaniste de mérite, s'est rendu célèbre par ses voyages dans l'Indo-Chine; Emile Saigey (1827-1872) s'est fait un nom comme physicien; M. le pasteur Goguel, comme biographe. La tradition des recherches historiques est continuée par M. Alex. Tuetey (1842); la tradition scientifique est représentée par M. Fréd.-Emile Oustalet (1844), professeur au Muséum à Paris, M. Em. Fallot (1852), docteur ès-sciences, professeur à la Faculté de Bordeaux, M. Léon Morel, chef des travaux pratiques à l'observatoire de Lyon, M. W. Kilian, préparateur à la Sorbonne; par les docteurs Berger et Beurnier, médecins des hôpitaux de Paris, Martel, directeur de la *Revue d'hygiène* (1); du collège actuel sont sortis les ingénieurs Prosper Chatel, Feuerstein, Jules Goguel, Breuleux, Julien Kœcklin, Rod. Perdrizet, Rossel Marti, Samuel Marti, etc.; les professeurs B. Favre, Feschotte, Mabille, Théophile Perdrizet, Ch. Gros, Othon Perdrizet, Paul Perdrizet, Emile Jeanmaire, Emile Surleau, Théoph. Perrenot, Pourchet, Emile Rayot, etc.; les normaliens Léon Macler (1859-1886), Cucuel (1860), professeur à la Faculté des lettres de Lyon, Molbert et Paul Perdrizet. Citons aussi comme poètes MM. Ch. Gros, auteur de *Poèmes habituels,* (Savine, 1888) (2), M. Julien Mauveaux, M. Retté, les sculpteurs Ringel et Bloch, le peintre Weisser, Mme la comtesse de Chaffault, auteur d'émaux remarquables, etc.

J'omettrai forcément des noms qui mériteraient d'être cités : ce ne sera que par oubli ou par ignorance.

(1) Cités par M. John Viénot *(Mém. de la Soc. d'Em. 1888).*
(2) Pourquoi ne voit-on point, au Parloir du collège, les noms ou les portraits d'une partie de ces hommes ? Pourquoi n'inscrit-on pas sur la muraille ce vers remarquable :
Hæc schola cum patria statque caditque suâ ?

Il faut cependant expliquer comment le gymnase a pu renaître de ses ruines après la tourmente révolutionnaire, et dire par quels moyens les habitants de Montbéliard ont pu créer un collège trois et même quatre fois plus peuplé que le gymnase ne l'était au XVIII° siècle.

CHAPITRE VI

Création de l'Institut de Montbéliard, qui dure de l'an VII a l'an XIII. Son plan d'études original ; règlement ; fêtes semestrielles. Don du batiment des Halles par plusieurs habitants de la ville, et inauguration du Collège communal (1811). Conclusion : le présent et l'avenir probable du collège Cuvier.

Le gouvernement français, depuis 1794, n'avait rien fait pour relever ce gymnase de Montbéliard, que l'injuste spoliation des biens de la recette ecclésiastique avait dû fermer. A peine l'administration départementale s'était-elle occupée de l'instruction primaire: quant à l'instruction secondaire, destinée aux enfants de la bourgeoisie, elle ne paraissait être que d'une importance *secondaire*, ainsi que certaines personnes la jugent encore aujourd'hui. C'était un raisonnement non pas démocratique, mais antisocial, puisqu'il tendait à séparer les classes au lieu de les unir en satisfaisant aux besoins particuliers de chacune.

Heureusement l'initiative des habitants de la ville devait faire ce que négligeait l'inertie du gouvernement: ces familles montbéliardaises, de mœurs austères, d'apparences assez froides, et alors presque toujours fermées à l'étranger, savaient (comme celles d'aujourd'hui) se montrer charitables pour les pauvres et généreuses pour toute institution nécessaire. Depuis près de quatre années, la jeunesse de Montbéliard n'avait plus de maîtres pour l'enseignement secondaire, et les parents déploraient cet état de choses: toute une génération était ainsi vouée à l'ignorance, ou du moins ne recevait qu'une instruction bien défectueuse. Cependant, par une intelligente initiative, qu'on ne saurait trop louer, quatre pères de famille eurent l'idée de faire en commun l'éducation de leurs enfants: ils se partagèrent les matières d'enseignement et arrivèrent ainsi à des résultats appréciables. Ces quatre honorables citoyens étaient Léop.-Fréd. Masson, Jacqu.-Fréd. Lalance, Fallot et Rossel. Le premier, né le 23 novembre 1757, avait été, en 1780, gouverneur et professeur à l'école militaire de Colmar; lecteur en mathématiques et en histoire au gymnase de Montbéliard (1787-1794), et depuis quatre années il n'exerçait aucune fonction. Tel était le cas de J.-F. Lalance; né le 15 août 1767, celui-ci s'était adonné aussi à l'enseignement. Les deux autres se qualifiaient hommes de lettres. Encouragés par les premiers résultats obtenus, ils firent appel à leurs concitoyens et s'offrirent pour réorganiser le gymnase, que tous les habitants s'accordaient à regretter. Le 15 brumaire an VII (5 novembre 1798) leur circulaire se répand dans la ville.

En attendant la paix tant désirée de tous, l'instruction, disent-ils, est dans une stagnation alarmante; l'éducation de la jeunesse laisse à désirer. « Il faut cependant, par une morale épurée, étouffer les passions désordonnées dont le germe est dans les cœurs, sinon elles s'enracinent fortement et font le malheur de ceux qui n'ont pas pu leur résister: tous les parents doivent sentir la nécessité du concours de quelques maîtres, pour les aider à donner aux enfants une bonne instruction et une salutaire éducation, qui se soutiennent l'une et l'autre. N'ayant en vue que le bien général et nullement leur intérêt personnel, les quatre instituteurs ne réclamaient de chaque élève que six francs par mois, avec six francs par tête pour le chauffage et les frais d'établissement (1). »

Un règlement général de discipline était imprimé et répandu en même temps (2). Le premier article exigeait l'assiduité : un billet des parents devait justifier toute absence. Entre les leçons il y avait toujours un intervalle de cinq minutes (mesure très sage et qui est prise aujourd'hui dans les établissements universaires). Quand au système de récompenses et de punitions, il est tout à fait original, inspiré par des idées fort généreuses, et bien différent de l'ancienne méthode, où les punitions corporelles tenaient une trop grande place.. Les directeurs de l'école donnaient à chaque élève vingt jetons numérotés par décades, et douze fiches carrées, qui acquitteraient les amendes ayant pour motif les fautes de conduite, ainsi que les fautes d'application, sans préjudice toutefois d'autres punitions destinées aux écoliers trop pétulants. Les désordres graves devaient être jugés par les quatre instituteurs. Ceux-ci infligeraient : 1° l'affiche au tableau noir pendant une ou plusieurs décades, accompagnée d'une amende de deux jetons au moins ; 2° l'arrestation avec affiche et amende de quatre jetons au moins ; 3° la prison, avec mauvaise note et affiche pendant quatre décades au moins. Ces derniers jugements seraient couchés sur un registre, et mentionnés dans un

(1) *Coll. Duvernoy.*
(2) *Libl. de Montbéliard, et Coll. Duvernoy.*

procès-verbal public à chaque semestre. Les quatre directeurs disaient qu'ils espéraient n'avoir jamais recours à une dernière mesure : l'exclusion de l'école. Ils rappelaient, dans l'article V, les devoirs des écoliers.

Plusieurs mesures étaient prises pour agir sur les élèves uniquement par la force de la raison et de l'autorité morale. A la fin de chaque décade, il y avait une assemblée des directeurs qui examinaient ensemble la conduite et les mœurs de tous les enfants confiés à leurs soins, donnaient des encouragements ou infligeaient des censures, puis faisaient le relevé des amendes pour les porter sur le registre des bonnes et des mauvaises notes; l'élève qui avait payé quinze jetons était inscrit d'office au tableau noir; celui qui en avait payé vingt avait une mauvaise note, était puni d'une *arrestation*, et affiché pendant deux décades. Ceux qui avaient conservé les trois quarts au moins de leurs jetons et de leurs fiches devaient avoir une bonne note. Le quart des élèves devait former une *compagnie de censeurs*, et leur mission était d'avertir les maîtres des désordres qui parviendraient à leur connaissance.

Afin d'influer fortement par l'émulation sur les enfants et les jeunes gens qui seraient remis à leurs soins, les directeurs instituaient, pour la fin de chaque semestre, une fête qui était destinée à l'encouragement des élèves, et à laquelle on invitait leurs parents et des personnes respectables de la ville. « La cérémonie, dit l'article 24, s'ouvrira par un exercice de déclamation, suivi du compte que l'on rendra des mœurs et des progrès des élèves. » Les dessins, ouvrages de peinture et autres productions de ceux-ci devaient être exposés; des morceaux de musique seraient joués pendant la cérémonie.

Les habitants de Montbéliard reçurent ce curieux prospectus et purent le méditer : mais ils étaient si peu assurés de l'avenir, vu l'instabilité politique de ce temps, que vingt élèves seulement assistèrent à l'ouverture, qui eut lieu le 1er nivôse an 7 (21 décembre 1798). L'instituteur Samuel-Frédéric Fallot prononça l'allocution suivante :

« Mes amis,

« La tâche dont mes collègues et moi nous nous sommes chargés, est une tâche pénible. Vous pourrez l'adoucir, mes chers amis, et nous la rendre facile et agréable. Vous le pourrez en nous regardant comme vos amis et en nous accordant votre confiance, vous le pourrez en commençant dez à présent à maîtriser des passions et des penchans qui sont les tyrans les plus cruels de celui qui s'y livre et les fléaux de l'individu et de la société; vous le pourrez par votre attention aux leçons que vous recevrez par votre diligence et votre application ; vous le pourrez en vous aimant les uns les autres, et en vous excitant réciproquement à la pratique de vos devoirs; vous le pourrez surtout, en vous pénétrant d'une vérité que les sages payens ont aperçue par les seules lumières de la raison, c'est que (comme dit Sénèque) l'on ne devient point homme de bien sans l'aide de Dieu et qu'il est le précepteur invisible qui fait éclore le génie : *nulla sine Deo mens bona est, magisterque, ex occulto donis producit ingenia ;* ou comme l'a dit également Platon : *virtus utique nec doctrina natura nobis non aderit, verum divina sorte :* la vertu et la science ne sont pas des dons de la nature, mais des dons de Dieu... »

Dix jours après cette inauguration solennelle, les instituteurs établirent des articles additionnels au règlement de l'école, qu'ils appelaient *Institut de Montbéliard.* Trois censeurs étaient créés : ils devaient se rendre de bonne heure dans les salles de classe et y maintenir l'ordre depuis l'arrivée des premiers élèves jusqu'à l'entrée de l'instituteur ; ils dénonçaient à celui-ci les désordres et les infractions au règlement. Ces censeurs étaient élus par leurs camarades, à la majorité absolue des suffrages : la durée de leurs fonctions était d'un mois, et ils étaient rééligibles. Ceux qui s'acquittaient bien de leurs devoirs recevaient une bonne note, soit de conduite, soit d'application, à leur choix. Les censeurs qui avaient pris part à quelque désordre devaient être privés de bonnes notes, destitués, et n'être rééligibles qu'au bout de trois mois. Ceux qui étaient réélus ne recevaient qu'un bon pour quatre jetons ou quatre fiches, à leur choix, au moment de la réélection. Au 1er germinal leur nombre était du tiers des élèves, ayant les meilleures notes. Peu de temps après, l'expérience démontra aux instituteurs la nécessité des nouvelles réformes. Plusieurs articles du premier règlement et le dernier du règlement additionnel furent rapportés et ainsi modifiés : il fut donné à chaque élève 18 pièces de fer-blanc marquées d'un numéro et de forme ronde, avec 8 autres carrées, pour payer les amendes infligées dans le cours d'une décade ; les premières, appelées jetons, acquittaient les amendes qui avaient pour motif des fautes de conduite; les autres, nommées fiches, payaient pour les fautes d'application. Une fiche et un jeton étaient pris à celui qui pendant la leçon quittait sa place, ou parlait après un avertissement, ou cherchait à distraire l'attention de ses condisciples. Les peines plus graves étaient : l'amende triple, quadruple ou sextuple ; *l'arrestation* (1) avec amende de trois jetons au moins; enfin la prison avec amende ne pouvant être au-dessous de six jetons. Les jugements qui statuaient la peine de l'emprisonnement devaient être enregistrés et mentionnés au procès-verbal public à la fin du semestre. On avertissait les parents de l'élève condamné à l'arrestation ou à l'emprisonnement, pour que des punitions domestiques fussent infligées si les parents le jugeaient convenable. Les maîtres notaient à la fin de chaque décade le nombre des amendes qui avaient été infligées à chaque élève; celui qui avait payé dix-huit jetons était puni d'une mauvaise note et de l'emprisonnement. S'il avait payé davantage, l'excédant était porté au compte de la décade suivante. Celui qui avait payé huit fiches était puni d'une mauvaise note d'application et d'une arrestation. Celui qui n'avait payé que la moitié au plus des jetons ou des fiches recevait une bonne note de conduite ou d'application. A l'assemblée publique semestrielle, les maîtres devaient rendre compte des mœurs et des progrès, en lisant devant les invités un tableau divisé en deux parties : la première, comprenant les élèves qui n'auraient eu aucune mauvaise note, et seraient classés d'après le nombre des bonnes; la seconde, présentant la liste des élèves mal notés, avec leurs notes de conduite et d'application. Ce tableau était suivi de la liste des élèves condamnés à l'emprisonnement.

(1) C'est-à-dire la retenue.

Un élève condamné à la prison ne pouvait être élu censeur qu'après un semestre.

Le tableau de la conduite et de l'application devait rester toute la durée du semestre dans la principale salle d'instruction (1). Tels étaient les articles additionnels que promulguèrent les instituteurs : les résultats obtenus furent admirables, et à la fin du trimestre, le 29 ventôse an VII (19 mars 1799) les directeurs reconnaissaient qu'en général les élèves s'étaient tous comportés de manière à mériter leur approbation. Pour la plupart, ils avaient montré de l'assiduité aux leçons, de la diligence à remplir les tâches imposées ; aucun n'avait encouru la peine d'être mal noté pour défaut de conduite ou d'application : on les classa donc tous d'après le nombre de leurs bonnes notes.

Les maîtres, ravis d'un succès inespéré, s'écriaient : « Puisse le témoignage éclatant qui vient d'être rendu aux élèves les enflammer d'une nouvelle ardeur pour l'étude! Puisse-t-il échauffer parmi eux cette salutaire émulation, source des lumières et du talent! Leurs progrès dans la carrière des lettres sera la plus douce récompense des soins constants de ceux qui, par amour pour le bien public, se sont imposé la pénible tâche d'éclaircir leur esprit et de former leur cœur !

Mais ils rappelleront à cette intéressante jeunesse qu'il ne lui suffit pas de travailler à se rendre utile à la société par des connaissances solides : il faut encore qu'elle cherche à en faire l'ornement par

---

(1) On me reprochera d'entrer dans trop de détails : je répondrai que même aujourd'hui l'Université pourrait peut-être trouver quelque chose à prendre dans ce règlement original, elle qui semble apprécier hautement le système de l'école Monge.

l'honnêteté de ses mœurs, la douceur de ses manières, et par cette sincérité dans l'expression de ses sentiments et de ses pensées qui fera naitre l'estime et la confiance.

Lesdits instituteurs s'appliqueront sans relâche à inspirer à leurs élèves l'amour des loix et des vertus sociales. Ils ne peuvent que les exhorter à tourner leurs regards vers le ciel et à invoquer sa divine influence dans leurs études, à honorer leurs parents et leurs supérieurs, à respecter la vieillesse, à consoler le malheur. à se chérir mutuellement et enfin à s'interdire tout propos offensant qui ne ferait que troubler la douce harmonie qui doit régner entre eux et détruire les charmes de la confiance et de l'intimité. »

Cette allocution laisse deviner que tous les élèves ne vivaient pas en parfaite intelligence et n'avaient pas un caractère très ouvert. Il n'en pouvait guère être autrement : car leur nombre s'était élevé, dans cette bienheureuse année, de vingt à cent douze, ce que les maitres eux-mêmes n'avaient pas espérer. Un certain nombre étaient étrangers, venus de Vesoul, de Bade, de Strasbourg, etc. (1)

Le plan d'études était, à peu de chose près, celui de l'ancien gymnase de Montbéliard : en voici le texte.

(1) A ce moment, les écoles centrales ne réussissaient que dans un petit nombre de villes.

Distribution des leçons de l'Institut de Montbéliard pour le second semestre de l'an VII.

1re Classe.

8-9	Gramm. latine	Rossel.
9-10 alternativement	{ Application des déclinaisons et des conjugaisons latines . .	Rossel.
	Gramm. générale raisonnée. .	Fallot.
10-11 alternativement	{ Arithmétique	Rossel.
	Lecture et orthographe française	Lalance.
11-12	Langue allemande aux français	Lalance.
2-3 alternativement	{ Histoire, sphère et géographie .	Masson.
	Morale, droits et devoirs de l'homme	Lalance
3-4 alternativement	{ Calligraphie.	Pechin.
	Dessin et peinture.	Mégnin.
4 à 5 alternativement	{ Physique expérimentale. . .	Berger.
	Dessin et peinture.	Mégnin.

2me Classe.

8-9	Gramm. latine	Fallot.
9-10 alternativement	{ Exercices et explication des auteurs latins	Fallot.
	Gramm. générale raisonnée, et exercices de compositions .	Fallot.
10-11 alternativement	{ Calcul.	Masson.
	Géométrie	Masson.
11-12	Langue française aux Allemands	Masson.

2-3 alte· .ativement	{ Histoire, sphère et géographie. Morale, droits et devoirs de l'homme	LALANCE.
3-4 alternativement	{ Calligraphie. . . . . . . Dessin et peinture.	PECHIN. MÉGNIN.
4-5 alternativement	{ Physique expérimentale. . . Dessin et peinture.	BERGER. MÉGNIN.

Le prix des leçons est de 6 francs par mois, outre une somme de 24 francs que chaque élève paye en entrant à l'Institut, et pareille somme en sortant. Il n'y a que la leçon de dessin et de peinture qui se paye séparément par ceux qui veulent en profiter.

(Une affiche annonçait qu'au printemps on ouvrirait des cours de langue grecque (1).)

Ainsi le niveau des études était d'abord un peu inférieur à celui de l'ancien gymnase : on n'enseignait plus la rhétorique, la logique, le grec, les éléments de l'hébreu ; il est vrai que deux ans plus tard l'enseignement de la logique et de l'algèbre fut 'introduit dans le plan d'études.

Le programme ne subit toutefois que peu de modifications, comme on le voit par le texte suivant :

Distribution des leçons de l'Institut pendant le premier semestre de l'an VIII.
Les élèves seront partagés en trois sections pour les leçons de la matinée.

PREMIÈRE SECTION.

« De 8 à 9 : grammaire latine ; de 9 à 10, alternativement : application de déclinaisons et conjugaisons latines, ortographe française ; de 10 à 11 alternativement, langue allemande, exercice de composition.

(1) En réalité ces cours de grec ne furent point organisés.

Deuxième Section.

De 8 à 9, gramm. lat.; de 9 à 10, alternat.: exercices et explication des auteurs latins, gramm. générale raisonnée; de 10 à 11, alternat, arithmétique leçons de pièces choisies de littérature; de 11 à 12 altern.: langue allemande, stile et composition.

Troisième Section.

De 8 à 10, répétition; de 10 à 11, altern,: géométrie, calcul; de 11 à 12, langue française.

Pour les leçons de l'après-midi, les élèves seront partagés en deux sections.

Première Section.

De 2 à 3, altern.: histoire et géographie; morale de 3 à 4 altern.: calligraphie, dessin et peinture; de 4 à 5 altern.; physique expérimentale, dessin et peinture. »

Anciens élèves du gymnase, les maîtres lui avaient emprunté presque entièrement leur plan d'études; ils lui prirent encore l'institution des fêtes scolaires, qui étaient appelées fêtes semestrales, et permettaient de faire briller les meilleurs élèves. Mais ceux-ci ne faisaient point d'exercices de style très variés comme au commencement du siècle : les discours français en prose alternaient avec les discours en vers français; les vers latins n'étaient plus en honneur; les exercices en langue allemande restaient le partage d'écoliers venus de la Suisse ou de Bade. Je crois devoir donner ici la liste complète de ces exercices.

Le 30 prairial an 7 (18 juin 1799), jour d'une fête

trimestrale, Charles-Louis-Georges David lit un discours français sur la Vérité; Auguste Kuttler, un autre, intitulé: Tableau de l'amour filial; J.-J. Engel (de Bâle) fait un discours en allemand sur les maux qu'entraînerait dans la société l'idée que l'âme meurt avec le corps; Rod.-Nicolas Cuvier récite un discours en vers, sur ce sujet: L'esprit humain a des limites, et le désir du sage est de s'y renfermer et d'y borner ses désirs; Samuel-Fréd. Fallot *(futur auteur d'une étude sur le patois de Montbéliard)* parle de l'étude des langues; Ch. Bernard lit un poème sur la gloire et les exploits des armées françaises, et termine par des vœux pour la paix générale. Il était impossible de montrer plus de tact et de dignité en même temps.

En l'an IX il y avait trois sections pour les leçons de 8 à 9, 4 pour celles de 9 à 11, 3 pour celles de 11 à 12, 2 pour celles de 2 à 3 : de telle sorte qu'il n'y avait jamais eu plus de quatre professeurs simultanément occupés; cependant N. Cuvier, Laurillard et Morel étaient professeurs adjoints en l'an IX et les années suivantes avec les quatre fondateurs et directeurs Fallot, Masson, Lalance et Rossel. Le 9 thermidor an X (1802), le sous-préfet Ch. Duplaquet, en vertu d'un arrêté des consuls daté du 4 messidor, vint visiter cet établissement particulier d'instruction, et fit grand éloge du zèle des sept maîtres qui la dirigeaient. On y enseignait le français, le latin, l'allemand, la rhétorique et la logique (depuis peu), la géographie, l'histoire, l'écriture, le dessin, l'histoire naturelle, les mathématiques. Par le peu d'importance donné aux langues anciennes, l'établissement ressemblait aux *Realschulen* ou Écoles réelles que la Prusse avait depuis un demi-siècle. Le sous-préfet trouva l'école installée dans les salles du ci-devant Conseil de régence, c'est-à-dire aux halles, bâtiment acquis et cédé sans prix de location par des particuliers. « Les études, disait ce fonctionnaire, sont distribuées et dirigées avec intelligence, et les progrès distingués de plusieurs élèves dispensent de faire l'éloge des maîtres. » L'année suivante, le gouvernement reconnut d'une manière éclatante la valeur de cette école, car un arrêté du 8 pluviôse an XI (28 janvier 1803) déclara *Ecole secondaire ou institut,* dans le Haut-Rhin, cet établissement privé. (1)

Cependant, si cette institution avait pris un accroissement rapide, si elle avait pu devenir l'émule des meilleurs établissements de ce genre, sa décadence fut aussi prompte qu'inattendue. Les maîtres, dont les travaux étaient pour ainsi dire gratuits, manquaient de secours et de ressources. Le nombre des écoliers, qui s'était élevé à 112 en l'an IV, n'était que de 50 en l'an VIII, de 56 en l'an IX, de 42 en l'an X, pour tomber enfin à 29 en l'an XII. Les beaux commencements qui avaient donné tant d'espérances aux maîtres ne s'étaient pas soutenus. En l'an VIII, les élèves qui avaient le plus de bonnes notes le 29 fructidor, après 19 décades, en présentaient 18 ou 19; en l'an IX, le 29 ventôse, après 16 décades, 19 élèves avaient 20 ou 21 bonnes notes; mais 7 avaient tâté de la prison plusieurs fois. Parallèlement au progrès de l'indiscipline, la diminution du nombre des élèves continuait toujours.

Vainement le Conseil municipal de Montbéliard affirma-t-il sa bienveillance. « De toutes les institutions qui ont pour but le bonheur de la société, celles relatives à l'instruction publique doivent être

(1) *Archives de Montbéliard.*

mises au premier rang. » Ainsi s'exprimait le maire. Il constatait que la ruine du gymnase, jadis organisé et tenu sur un très bon pied, avait eu pour cause unique le régime révolutionnaire. Il réclamait et obtenait qu'on émit le vœu que 30 stères (ou 10 cordes) de bois leur fussent fournies des ressources de la forêt communale. Sur le rapport du sous-préfet, le préfet de Colmar, Félix Desportes, approuva la délibération (25 floréal an XIII, 16 mai 1805). La ville ne pouvant faire davantage, les maîtres, découragés, renoncèrent à leurs fonctions. (1) L'Institut de Montbéliard avait vécu.

Parmi les élèves distingués qui sortirent de cet Institut, dont la durée fut si éphémère, je citerai les professeurs Duvernoy (Ch.-Louis Eberard) et Masson (Léopold-Auguste-Frédéric); le pasteur Boissard (1783-1836) (2), le pasteur Rodolphe Cuvier, le célèbre Laurillard, collaborateur du grand Cuvier, qui fut d'abord simple apprenti horloger (3), et Fallot, auteur de *Recherches sur le patois*. L'Institut n'a donc pas manqué d'élèves remarquables pendant ses huit années d'existence, grâce au zèle des maîtres qui le dirigeaient : et cependant personne ne l'avait soutenu. L'argent avait manqué, non le zèle et l'intelligence.

On peut croire que les Montbéliardais en éprouvèrent un sincère regret: car, moins de deux années après (7 février 1807), le ministre Morel, les

---

(1) On sait que les octrois avaient été supprimés.

(2) Auteur de Discours, d'un Catéchisme évangélique à l'usage de l'enfance, d'une Histoire de la Bible ou Récits tirés des Saintes Ecritures (1813), d'un Précis de l'histoire de l'Eglise (1817), etc.

(3) Il avait quitté l'Institut dès 1803 pour aller à Paris, où il fit de la peinture. Dessinateur de Cuvier, il devint son collaborateur.

hommes de lettres Mégnin et Duvernoy, adressaient une pétition au Conseil municipal pour rétablir le gymnase; ils présentaient un plan d'études à peu près semblable à celui de 1786, et promettaient en outre de dicter un abrégé de l'histoire du comté de Montbéliard; chaque élève du pays aurait donné 36 francs par an, et chaque étranger 48, avec six francs pour achat de livres utiles, cartes et instruments de physique.

Le Conseil municipal, heureux de cette proposition, émit le vœu : qu'une imposition extraordinaire en centimes additionnels à la contribution personnelle et mobilière, et s'élevant à 20,000 francs, fût répartie en 17 années consécutives, pour salarier les professeurs, réparer et entretenir les bâtiments; que trente-six stères de bois fussent alloués aux maîtres, trois salles de classes, non occupées par les instituteurs primaires, réservées aux professeurs, dont l'un au moins pourrait être logé dans les bâtiments de l'ancien gymnase. (1).

Le sous-préfet de Porrentruy promit d'appuyer ce vœu (15 avril 1807). Cependant le directeur de la Confession d'Augsbourg des départements du Haut et du Bas-Rhin émettait des prétentions à la propriété de l'ancien gymnase, qui, selon lui, n'était pas à la ville, mais à l'église, comme ayant fait partie des biens de la recette ecclésiastique; de plus une école secondaire avait pu exister sans que le gymnase lui appartînt. En droit, les pasteurs de Strasbourg avaient raison. La ville répondait qu'elle

---

(1) *Registres du Conseil municipal.* — *Archives de la ville.* — *Coll. Duvernoy.* — Montbéliard dépendait de la Haute-Saône en l'an II, du Mont-Terrible en l'an V, du Haut-Rhin en l'an VII ; en 1816 la ville a été rattachée au département du Doubs.

était bien pauvre et qu'elle serait surchargée, si les instituteurs, établis dans le gymnase depuis douze ans, étaient obligés de l'évacuer. Un arrêté du préfet (2 mai 1807) rejeta la demande du consistoire concernant la propriété du gymnase.

Le 12 février 1808, Jacques-Henri Morel, candidat du saint ministère à Montbéliard, demande au Conseil municipal d'être logé gratuitement dans la maison ci-devant rectorale, et réclame une des salles du ci-devant gymnase pour y tenir une école, en s'obligeant aux menues réparations et à la couverture. Le Conseil, présidé par le maire Surleau, s'empresse de lui accorder sa demande, en lui imposant quelques conditions : faire une fois par semaine un cours pour l'instruction de la religion; recevoir gratuitement dans l'école trois enfants pauvres présentés par le maire (disposition philanthropique qui n'a pas besoin de commentaires élogieux); se soumettre à la surveillance du maire et à une visite qui serait faite tous les semestres par deux conseillers et un ecclésiastique.

Les conditions étaient fort modérées. M. Morel les acceptait; rappelant le projet de rétablissement du gymnase, présenté par lui l'année précédente avec deux de ses amis, il promettait d'enseigner l'histoire, la géographie, les mathématiques élémentaires, le latin, le grec et le français. C'était purement et simplement le plan d'études de l'ancien gymnase, et même il était un peu restreint.

Cependant la ville était pauvre et endettée; le manque absolu de commerce la privait en ce moment de toute ressource. Le sous-préfet le fit sentir, et exigea qu'on ne fournît point à Morel une des salles du gymnase sans réserver le droit de la reprendre. Le préfet le soutint. Après un rapport envoyé par le maire de Montbéliard, le Conseil d'arrondissement, reconnaissant les avantages et l'extrême utilité d'un collège pour l'instruction de la jeunesse « à laquelle tiennent de si près la restauration des mœurs et le bonheur de la patrie » émet les vœux suivants : que l'on ordonne la restitution des prix provenant de la vente des biensfonds de l'ancienne recette ecclésiastique, pour servir à l'instruction; que l'on affecte pour supplément une partie des centimes additionnels du département ou de l'arrondissement; que le restant des capitaux de la ci-devant recette ecclésiastique soit accordé aux nouveaux établissements (1808).

Mais, faute de fonds suffisants, le gymnase n'était point encore rétabli.

Une circonstance tout à fait exceptionnelle permit de réorganiser le collège : une donation, méditée peut-être depuis longtemps, fut accomplie avec un désintéressement au-dessus de tout éloge par un groupe d'habitants de Montbéliard. En vertu d'un arrêté du département, daté du 5 frimaire an VI, on avait fait, le 12 nivôse de cette année, la vente du bâtiment des Halles, appelé aussi *Kauffhaus* : le procès-verbal d'adjudication du 25 ventôse constate qu'une centaine de personnes des deux sexes ont fait ensemble l'achat de cette vaste bâtisse pour 193,000 francs ; ce bâtiment, qui renfermait l'éminage, la douane, des magasins, quatorze boutiques et de vastes salles, pouvait servir à bien des usages pour la ville elle-même, et probablement les acheteurs avaient eu l'arrière-pensée de le rétrocéder plus tard à leur pauvre cité, moyennant un prix modique. Ce qui peut le faire supposer, c'est que, par acte sous seing privé du 3 germinal an VI (23 mars 1798) les acquéreurs copropriétaires des Halles prirent l'engagement formel de laisser l'immeuble indivis entre eux pendant vingt années et de le tenir pendant ce délai à la disposition de la commune pour servir aux établissements d'instruction publique.

J'ignore pourquoi la ville ne put profiter de cette bonne volonté pour rétablir l'ancien gymnase: peut-être fut-elle arrêtée par le manque de fonds disponibles. Toutefois, dès l'an VII, l'école appelée Institut de Montbéliard, qui n'était qu'un établissement privé, se tint dans les salles du ci-devant Conseil de régence, au premier étage de ce grand bâtiment des Halles, pendant que le gymnase et l'école française étaient occupés par les instituteurs primaires.

Lorsque l'Institut fut transformé en école secondaire, le Conseil municipal se proposa de prendre une importante mesure; et, le 25 floréal an XII (15 mai 1804), il accepta l'immeuble au prix coûtant: alors les acquéreurs abandonnèrent à la ville, les uns leurs actions, les autres seulement le revenu; et le préfet du Haut-Rhin, M. Félix Desportes, approuva la délibération (21 messidor an XIII, 10 juillet 1805). Cependant la dissolution de l'école secondaire remit tout en question. Mais la ville ne devait rien perdre pour attendre.

Depuis quatre années, la jeunesse aisé se retrouvait sans un collège. Un tel état de choses ne pouvait durer longtemps dans une ville aussi amie des sciences que l'a toujours été Montbéliard, lorsque tant d'autres villes de France réorganisaient à l'envi leurs établissements d'instruction. Le 24 août 1809, le maire fit un remarquable rapport au Conseil municipal, pour demander la création d'une haute école ou collège. Il attribuait au défaut d'une éducation publique sagement dirigée le relâchement de la morale et de tous les liens sociaux, le renversement des principes conservateurs de la société, « le mépris pour la religion et les devoirs les plus sacrés, le débordement des passions les plus honteuses, le raffinement d'un libertinage éhonté, la dévastation des propriétés, la mutilation d'arbres séculaires qui se voyaient jadis dans les forêts du pays, la perte du respect dû à l'autorité, à la vieillesse. » Ce discours énergique fit une forte impression sur les membres du Conseil, car le maire fut autorisé à faire un appel pressant aux Montbéliardais pour rétablir le gymnase par une souscription publique; et le Conseil traça d'avance le plan du futur collège à établir dans ce bâtiment. (1)

Ce que produisit cette souscription, nous l'ignorons. Il y avait au collège un registre de ces dons : ce registre a disparu en 1870 pendant l'occupation allemande, sous le principalat de M. Mettetal, au rapport de M. Paul Perdrizet père.

C'est alors seulement que les acquéreurs des Halles firent un acte de générosité qui mérite d'être rappelé avec détails.

A la fin de cette année, le 23 décembre 1809, comparaissent devant le notaire Berger, les quarante-deux co-propriétaires du bâtiment des Halles. Ils en font la donation, estimant ce bâtiment à la valeur de 5000 francs. C'était donc montrer encore plus de générosité qu'en 1804 (2).

(1) *Registres du Conseil municipal; archives de Montbéliard; manuscrit Beurlin; registre du bureau d'administration.*

(2) *Archives de Montbéliard, Registres du Conseil municipal, et mss. Beurlin* (communiqué par son auteur).

Ils stipulaient cette condition expresse, que les revenus des Halles (qui étaient alors de 1,800 francs et pouvaient être portés à 2,400), seraient perpétuellement affectés au service de l'instruction publique et ne pourraient se confondre avec les revenus de la ville. Au cas où l'école projetée viendrait à tomber, ces revenus ne devraient pas être détournés de leur destination, mais seraient placés et capitalisés pour l'avenir, au profit de la dotation. Enfin, le maire et les conseillers devaient prendre les mesures propres à assurer le succès de l'établissement.

Le Conseil apprit avec joie cette donation, et loua en termes émus le sacrifice que les actionnaires du bâtiment des Halles avait fait de leurs intérêts, « avec ce désintéressement qui caractérise les vrais amis de la jeunesse. »

Il fallut encore plus d'une année, grâce aux lenteurs administratives, pour que l'ouverture du collège pût se faire.

Le Conseil priait vivement le préfet de réclamer l'autorisation officielle d'accepter ce legs. (1)

Le 23 juillet 1810 fut promulgué le décret impérial, attendu avec impatience. Le maire était autorisé à accepter au nom de la commune la cession gratuite du bâtiment, sous condition que les revenus provenant de sa location seraient affectés à perpétuité au paiement des dépenses relatives à l'instruction publique.

Satisfait d'avoir obtenu un décret qui approuvait la donation, et laissait à la ville la haute main sur la direction du collège, implicitement il est vrai, en vertu des conditions faites par les donateurs, le

(1) *Archives de Montbéliard.*

Conseil municipal décida qu'il aurait quatre professeurs au moins, dont l'un aurait le titre de directeur, plus un maître d'une classe intermédiaire destinée à recevoir les élèves sortant de l'école primaire, qui devaient être préparés ainsi aux cours de la haute école. Les conseillers élurent pour directeur M. L.-F. Masson, pour professeurs MM. J.-F. Laiance, J. H. Morel, tous trois anciens régents de l'Institut, où ils avaient enseigné sans rétribution, ce qui leur conférait des droits à la reconnaissance de leurs concitoyens; MM. Ch.-E. Duvernoy et C.-L. Lecomte, hommes de lettres, leur furent adjoints. Le maire Rossel et L.-F. Morel furent nommés membres de la Commission administrative; le maire, MM. Beurnier, Berdot, Ferrand, G.-F. Duvernoy, membres de la Commission d'inspection. Le grand maître de l'Université, M. de Fontanes, confirma ces nominations. Chacun de ces professeurs avait un traitement de 1,000 à 1,200 francs.

Ce fut seulement le 27 janvier 1811 que fut faite pour l'ouverture des classes une cérémonie religieuse, la dédicace du collège au temple Saint-Martin : le lendemain commencèrent les cours du collège communal, qui succédait au gymnase du siècle dernier. (1)

(1) Aux critiques bienveillantes qui m'ont été faites en 1889, il faut ajouter qu'au XVI² siècle Louis Vivès influa sur Sturm ; que Hégius et Lange précédèrent Mélanchthon ; que le *Cisio Janus* ou *Cisianus* est un calendrier allemand du XV² siècle en hexamètres, d'après Brunet; que le *Soldat chrétien* est un livre posthume de l'abbé Fleury.

CONCLUSION

Depuis 1811, le collège a subi toutes les vicissitudes générales de l'Université. Pendant quelque temps, les anciennes coutumes semblaient devoir renaître à Montbéliard : jusque vers 1840, les élèves subissaient, à la fin de l'année scolaire, des examens publics (1) annoncés par affiches imprimées ; et le jour de la distribution des prix, les plus distingués d'entre eux prononçaient des discours : M. Goguel, dans un livre sur les « hommes marquants » du pays, cite une étude sur Chateaubriand, par Edmond Saigey,

---

(1) *Programme des examens qui auront lieu au collège le lundi et mardi 7 avril 1812.*

LUNDI

Heures.	Objet de l'examen.	Noms des professeurs.
8 à 10.	Langue latine et grecque	Lalance.
10 à 11.	Histoire des empereurs	Duvernoy.
11 à 12.	Algèbre appliquée.	Morel.
2 à 4.	Langue latine	Masson.
4 à 5.	Littérature française.	Duvernoy.
5 à 6.	Arithmétique (2ᵉ classe)	Lecomte.

MARDI

8 à 10.	Eléments de la langue latine.	Larcher.
10 à 11.	Algèbre élémentaire	Morel.
11 à 12.	Géographie	Duvernoy.
2 à 4.	Grammaire française.	Lecomte.
4 à 5.	Arithmétique (1ʳᵉ classe)	Larcher.
5 à 6.	Syntaxe française.	Duvernoy.

(*Archives de Montbéliard.*)

un discours du philologue Fallot, etc. Les membres du corps municipal visitaient assez fréquemment les classes. Peu à peu ces vieilles coutumes ont disparu, et le collège, soumis à l'uniformité réglementaire, a pris les allures de tous les autres établissements. L'autorité des conseillers municipaux a subi de notables diminutions. Le préfet supprima d'abord l'emploi de caissier ; puis les régents durent être présentés au recteur par le bureau. En 1819 le Conseil se plaignit de ce que ce bureau avait été changé sans son aveu, et qu'il eût seul à ordonner les recettes et les dépenses : la loi, d'après les conseillers, souffrait une exception pour le collège de Montbéliard, qui ne devait être soumis à l'inspection que sous le rapport de l'enseignement et de la police des classes. Quatre années plus tard, le Conseil protesta vainement contre la décision du préfet, tendant à dépouiller les administrateurs du collège de la gestion ainsi que de la perception des revenus du bâtiment des Halles. Aussi, en 1824, la ville demanda que son collège communal, dont la direction lui échappe, fût transformé en un séminaire protestant, sous l'inspection du directoire consistorial de Strasbourg. Les 34000 protestants du Doubs avaient besoin d'un séminaire ; on garderait ainsi les Alsaciens que leurs parents envoyaient en Suisse... Le ministère répondit l'année suivante par un refus formel. (1)

En dépit de ces froissements et de cette crise, le collège a toujours été en voie de progrès : on a créé une classe élémentaire confiée à M. Larcher (1811), des chaires de dessin (1812), de calligraphie (1814),

---

(1) Registre du bureau d'administration, aux Archives de la ville, et Registres du Conseil municipal, *passim* ; Mss. Beurlin, *passim*. Le ministère me paraît avoir eu tort.

de géométrie (dans l'ancienne remise) et de chimie appliquée, avec quatre nouvelles classes latines en 1830 au moyen d'une souscription que firent les habitants à l'appel du maire. Un certain nombre de Montbéliardais désiraient un enseignement plus pratique, et voulaient une école intermédiaire, destinée aux enfants qui devaient être plus tard marchands ou industriels. Pour répondre à ce vœu légitime, on créa une chaire de mathématiques et de chimie appliquée aux arts et de dessin linéaire. Le ministère accorda un secours de 3,000 francs. M. Ch. Lecomte fut chargé de ce cours, et M. Vérenet, pharmacien, fit en même temps un cours gratuit de physique et de chimie. Le Conseil municipal applaudissait à ces tentatives. « L'éducation de la jeunesse, disait-il, est la première dette communale et la plus sacrée de toutes. » Certains élèves ne suivirent que les cours de sciences, depuis cette époque : *l'enseignement spécial* était donc constitué trente années d'avance, grâce à l'intelligente initiative des Montbéliardais.

Un pensionnat a été organisé en 1847 avec 4 ou 5 élèves ; mais l'internat l'a remplacé en 1860. Dans le cours de l'année 1873 le vieux bâtiment a été démoli pour faire place à un établissement vaste, sain, parfaitement aéré et aménagé : c'est avec une somme de près de trois cent mille francs, acquise encore par souscription, qu'a été bâti ce nouveau collège, qui témoigne de la sollicitude des Montbéliardais pour l'instruction publique, et qui porte le nom à jamais illustre de Cuvier (1). Le nombre des élèves

(1) Le collège comptait 105 élèves en 1819, 120 en 1820, de 110 à 100 entre 1825 et 1827, 90 en 1828, de 100 à 105 entre 1831 et 1838, 85 en 1839, 90 en 1840. Le chiffre a doublé depuis en moins de quarante années. C'est que le collège est en régie. *(Annuaires du Doubs, Registre d'inscription.)*

était de 121 en 1873 ; il s'est élevé récemment jusqu'à 206, chiffre qu'il ne lui est guère possible de dépasser, à cause de la concurrence des établissements voisins. Les palmarès citent plusieurs prix fondés par des personnes de la ville, ce qui prouve que les habitants s'intéressent toujours aux succès du collège, que recommande le grand nombre d'élèves distingués qui en sont sortis.

Mais le moment n'est pas encore venu de raconter toutes les vicissitudes qu'il a éprouvées depuis près de quatre-vingts ans, et d'apprécier d'une façon définitive les talents divers des directeurs qui ont présidé à ses destinées nouvelles. (1)

(1) Je souhaite que la Société d'Emulation et l'Association des anciens élèves recueillent les souvenirs des personnes âgées qui ont fait leurs études dans l'établissement : il se trouvera un annaliste pour faire avec ces traditions une œuvre plus vivante que cette histoire du *Gymnase*.

TABLE DES MATIÈRES

                                          Pages.

Sources   3

Préface.   5

Introduction. — Origines du gymnase : l'école latine au moyen-âge; le chapitre de Saint-Maimbœuf; sentence du comte Henri (1480); la Réforme; administration des écoles par les visiteurs et le Conseil de régence; le plan d'études d'après l'ordonnance ecclésiastique de 1559; le plan d'études en 1603; devoirs des maîtres, leur nomination. Elèves boursiers (stipendiaires et expectants). L'école au XVIIe siècle : ses vicissitudes.   7

Chapitre I. — Décadence de l'école latine sous Léopold-Eberhard. Le Supplément à l'ordonnance ecclésiastique (1724); le plan d'études et la réforme des stipends; les visiteurs et leur autorité; création du gymnase en 1731; méthodes, exercices, livres classiques employés au XVIIIe siècle; le recteur Megerlin (1730-1735); le corecteur et le sous-corecteur; digression sur les petites écoles, désormais séparées du gymnase .   49

Chapitre II. — Vie d'un recteur du gymnase au XVIIIe siècle : Léopold-Eberhard Bonsen. Ses premières années; sa vie privée, son traitement, ses biens; le gymnase sous son rectorat; ses rapports avec les visiteurs; nombre des élèves, discipline; ses rapports avec les maîtres; ses œuvres diverses, sa correspondance; vieillesse de Bonsen   83

Chapitre III. — Les compétitions pour le rectorat. Le recteur Léonard-Frédéric Dubois (1769-1773). Nécessité d'une réforme : abus des vers français, des discours latins et des cérémonies d'apparat. Comment se faisait une classe. Création d'une chaire de sciences et modification du programme. Mort du recteur. Digression sur les cérémonies publiques où déclamaient les élèves à cette époque 108

Chapitre IV. — Le recteur Ulric Ducommun dit Veron (1773-1782) : réclamations des maîtres. Nouveau plan d'instruction (1774) et nouveau règlement de discipline (1776). Goût de certains élèves pour les sciences : Georges Cuvier et Wetzel ; les régents. Mort du recteur Véron. Le recteur Pierre-Christophe Duvernoy (1782-1786) 157

Chapitre V. — Jean-Georges Surleau, recteur de 1786 à 1794 : nouveau changement du plan d'études ; les vacances ; enseignement du français et de l'allemand ; nombre des écoliers, leur pétulance. Occupation de Montbéliard par les Français ; fermeture du gymnase en 1794. Elèves distingués qui sont sortis de l'Ecole latine et du gymnase 199

Chapitre VI. — Création de l'Institut de Montbéliard, qui dure de l'an VII à l'an XIII. Son plan d'études ; réglement original ; fêtes semestrielles. Don du bâtiment des Halles par plusieurs habitants de la ville, et inauguration du collège communal (1811). 221

Conclusion : Le présent et l'avenir probable du collège Cuvier. 243

www.ingramcontent.com/pod-product-compliance
Lightning Source LLC
Chambersburg PA
CBHW070649170426
43200CB00010B/2173